Chrystal escribió un libro que me i[...]
con Dios, a la vez que me daba una [...]
en la búsqueda de Él a través de la oración. Sé que atesorarás este libro.

SALLY CLARKSON, autora, bloguera, podcasteadora;
sallyclarkson.com

Permite que Chrystal Evans Hurst te lleve a un inolvidable viaje de oración. Te desafiará a profundizar en los aspectos de los que huyes casi siempre, te inspirará a darle un segundo vistazo a las cosas que das por sentado y, sobre todo, te invitará a experimentar un nuevo nivel de libertad en la oración. Con cada paso, Chrystal nos recuerda que la meta no es la perfección, sino solo abrirnos al amor ilimitado de Dios.

JEN FULWILER, humorista, madre de seis hijos,
autora del superventas *Your Blue Flame*

Chrystal te toma de la mano como una amiga cercana y camina a tu lado, como guía y animadora, hacia una vida de oración más rica. Encontrarás las indicaciones que son accesibles, bíblicas y divertidas. Así que únete a Chrystal en un viaje de veintiocho días que puede cambiarte en formas que nunca imaginaste posible.

MARGARET FEINBERG, autora de *Taste and See:
Discovering God among Butchers, Bakers, and Fresh Food Makers*

Para cualquiera que haya anhelado una conexión más profunda y conversaciones más intencionales con Dios, este viaje de oración de veintiocho días es más que una guía, es un recurso para usar una y otra vez. Sentí una pasión renovada en mi relación con Dios, al igual que si asistiera a una terapia matrimonial de veintiocho días a fin de restaurar un amor que ni siquiera sabía que le faltaba atención y afecto. Los poderosos mensajes de oración de Chrystal para la mañana, la tarde y la noche ofrecen un lenguaje y un espacio que, atrapado en una intencionalidad estancada, a menudo había anhelado crear.

CANDACE PAYNE, autora, oradora, sensación viral,
evangelista del gozo

Una de las formas más importantes en que podemos pasar nuestra vida es en la oración. En su libro más reciente, Chrystal nos da veintiocho días de consejos fáciles para orar, de modo que nos ayuden a desarrollar la disciplina de la oración personal diaria. Si deseas que una amiga te acompañe y anime a desarrollar este hábito que cambia la vida, toma este libro y observa cómo se transforma tu vida de oración. ¡Solo hacen falta veintiocho días!

ÁNGELA PERRITT, fundadora y directora de
Love God Greatly Women's Ministry

Déjame contarte un secreto. Siempre que necesito sabiduría, sé a quién acudir, y Chrystal Hurst es una de mis personas con sabiduría. Todo lo que escriba, lo leeré. Lo que diga, lo escucharé. Porque sé que ella escucha a Dios. Este viaje de oración de veintiocho días es poderoso, da vida y es transformador. Supongo que emprenderé este viaje al menos una vez al año.

NICKI KOZIARZ, autora de superventas y oradora
de *Proverbs 31 Ministries*

Si eres como yo, los momentos en los que más necesito orar son esos en los que me resulta más difícil calmar mi corazón y conectarme con Dios. Y a veces, cuando estoy estancada, solo necesito que alguien que me quiera me tome de la mano y me muestre qué camino emprender. En este libro, Chrystal es esa amiga cariñosa que no solo puede guiarte en el hábito y el ritmo de la oración, sino también en ayudarte a descubrir (o redescubrir) su poder en tu vida.

KATHI LIPP, oradora y autora de los superventas *The Husband
Project*, *Clutter Free* y *Ready for Anything*

Este no es «otro diario de oración». Mi amiga, Chrystal, nos ha dado un regalo muy necesario. Este es un viaje íntimo en el que todos debemos embarcarnos. Tanto si acabas de empezar tu viaje con Dios, como si ya llevas un tiempo caminando con Él, los próximos veintiocho días te renovarán y te recordarán el don transformador y reconfortante de la oración. Chrystal nos ofrece a cada una de nosotras la oportunidad de cosechar las recompensas de su viaje personal de regreso a la intimidad con Cristo.

Esto es más que un libro para leer, es una experiencia para vivir, y vale la pena repetirla dos o tres veces. Como esposa, transformará tu matrimonio; como líder, transformará tu iglesia; como madre, transformará a tu familia; y como seguidora de Cristo, atraerá a tu corazón para transformar tu mundo personal y el mundo que te rodea.

Chrystal nos invita a un viaje «para volvernos adictas a nuestro tiempo con Jesús». Nos proporciona un recordatorio amable, pero apasionado, de que nuestra vida de oración siempre puede ser más profunda y persistente. Puedes empezar a cambiar eso hoy.

JADA EDWARDS, directora de servicios creativos, *One Community Church*; autora, *The Captive Mind*

¡Mi corazón necesitaba este libro! En una disciplina con la que muchos de nosotros luchamos, Chrystal Evans Hurst nos lleva hacia el crecimiento con fortaleza y sencillez. He estado orando durante décadas, pero me encontré fortalecida en lugares que no sabía que eran débiles, y revitalizada en aspectos con cimientos sólidos. La guía paso a paso de Chrystal nos lleva a un nuevo hábito de orar durante el día todos los días.

AMY CARROLL, oradora y escritora, *Proverbs 31 Ministries*; autora, *Breaking Up with Perfect* y *Exhale*

La oración es la base sobre la cual se edifica una vida espiritual dinámica y saludable. Entonces, ¿qué se necesita para desarrollar una vida de oración fructífera? Chrystal Hurst Evans sabe que la intimidad, el poder y el propósito que buscamos nacen mejor a través de un estilo de vida de oración. En este libro, Chrystal nos insta a conectarnos audazmente con Dios de una manera personal e íntima que liberará su poder y nutrirá nuestras almas. Lo recomiendo para todas las que anhelan experimentar el poder y la presencia de Dios a diario.

JAN GREENWOOD, pastora de *Equip, Gateway Church* y fundadora de *Brave Strong Girl*

Pertenencia sin concesiones, comprensión inspirada. Me siento así después de solo unos minutos de conversación en persona con Chrystal. Así que tiene sentido que este libro me despierte a Dios de una manera muy similar. Este libro no solo cambiará tu forma de pensar sobre la oración, sino que creará una experiencia personal y sensorial para que entres al cielo, estando de acuerdo con Dios en tiempo real y a la luz de tu sentido eterno de ti misma. La mayoría de nosotras nos sentimos inseguras e imprudentes en nuestra vida diaria. Mi propia vida de oración a menudo se siente derrotada antes de comenzar, solo porque no tengo un plan para creerle a Dios más hoy que ayer. Este libro es nuestro plan de ataque a través de la posición de la promesa. Aquí se nos dan armas para luchar contra nuestro verdadero enemigo. Aquí vemos nuestra plena aceptación a través de la mente de Cristo. Gracias, Chrystal, por este regalo. Da fuerza. Lo leeré una y otra vez.

KASEY VAN NORMAN, consejera profesional,
autora y maestra

Chrystal es una de las mujeres más perspicaces que conozco. No solo procesa una idea. Le da vueltas, reflexiona sobre esta, se la ofrece a Dios y utiliza siempre lo que encuentra para beneficiar a los demás. Mi vida se ha enriquecido por su fortaleza mental y sus sabios consejos, y no tengo ninguna duda de que la tuya también lo será.

JONATHAN PITTS, autor y presidente del ministerio
For Girls Like You

28 DÍAS DE

Oración

UNA GUÍA DIARIA
PARA CONVERSAR CON DIOS

CHRYSTAL EVANS HURST

Unilit

Publicado por
Unilit
Medley, FL 33166

Primera edición 2021

© 2020 por *Chrystal Evans Hurst*
Título del original en inglés:
The 28-Day Prayer Journey
Publicado por *The Zondervan Corporation L.L.C*, un sello de *HarperCollins Christian Publishing, Inc. (Published by arrangement with The Zondervan Corporation L.L.C, a division of HarperCollins Christian Publishing, Inc.)*

Traducción: *Nancy Pineda*
Maquetación: *produccioneditorial.com*
Cubierta: *Studio Gearbox*

Producto: 495950

ISBN: 0-7899-2549-4 / 978-07899-2549-7

Categoría: Vida cristiana / Crecimiento espiritual / Oración
Category: Christian Living / Spiritual Growth / Prayer

Impreso en Colombia
Printed in Colombia

Para mi prima Clarise

Cuando pienso en las poderosas oraciones que nuestra abuela Eleen y nuestra tía Elizabeth hicieron por todos nosotros, pienso en ti. Tu compromiso de priorizar la oración me recuerda que debo hacer lo mismo.

CONTENIDO

INTRODUCCIÓN

Hace unos años, decidí organizar un «Desafío de oración de 28 días» en Instagram. Me había sentido culpable por mi falta de oración constante y ferviente, así que pensé que me comprometería a proporcionar indicaciones de oración por veintiocho días, a fin de asumir la responsabilidad de orar y animar a otras a que hicieran lo mismo.

Si bien conocía el formato básico para la oración, como Jesús modeló en Mateo 6 (lo que comúnmente llamamos el Padrenuestro), inventé el contenido, un día a la vez, durante todo el desafío. Al hacer una pausa para pensar sobre lo que necesitaba hablar con Dios, les expresaba esos pensamientos a otras y las animaba a que hicieran lo mismo.

A decir verdad, no pensé que terminaría.

Tenía miedo de rendirme y fallarme a mí y a todas las que lo hacían conmigo.

Sin embargo, no lo hice. Terminé el desafío y fortalecí mi vida de oración al hacerlo.

Orar de manera intencional, poco a poco, día a día, hizo que la idea de una oración regular y constante fuera ni hablar que formidable. Lo hice porque un día a la vez parecía *factible*.

Este libro nace de ese desafío y está escrito con el mismo objetivo en mente. Quiero que te comprometas con la oración, pero también quiero que veas este compromiso como factible.

Y si te saltas un día (o unos días), ¡está bien! El Señor sabe que yo he hecho lo mismo. Aun así, no te rindas. Continúa donde lo dejaste.

Si es necesario, pasa por alto el día de la semana y solo ora. Sigue adelante. No se requiere perfección. Solo preséntate para hablar con Dios sabiendo que Él quiere hablar contigo.

Este libro te brinda tres indicaciones para el día: mañana, tarde y noche. En los primeros cuatro días de la semana, abarcaremos los principios básicos de la oración:

1. Lunes: **O**frece alabanza y acción de gracias (al mostrarle gratitud a Dios)
2. Martes: **R**ecapacita y arrepiéntete (al buscar el perdón de Dios)
3. Miércoles: **A**naliza y pide (al presentar tus peticiones a Dios)
4. Jueves: **R**índete (al entregarte a Dios)

Si bien oraremos por los demás en la semana, durante los últimos tres días seremos más intencionales en movernos fuera de nosotras mismas y acercarnos a nuestras familias, las amistades, la comunidad y el mundo.

5. Viernes: Familia y amistades
6. Sábado: Desafíos del sábado
7. Domingo: Oraciones del día de descanso

Mientras oras, te guiaré poco a poco a través de cada principio de modo que puedas comprenderlo y pensarlo en profundidad. Luego, de forma lenta pero segura, lo juntaremos todo.

El objetivo es que mantengas este pequeño libro contigo durante veintiocho días. Dale una ojeada tres veces al día para que te animes a hablar con Dios cada mañana, tarde y noche.

Si crees que podrías olvidarlo, intenta hacerlo cada vez que comas. ¿Tomando algo? Abre el libro. O intenta poner una alarma en tu reloj o teléfono (¡pero no descartes el recordatorio hasta que tomes el libro!).

Después de hacer dos veces este recorrido de veintiocho días, sé una cosa con certeza: con lentitud y constancia se gana la carrera. Este método te ayudará a crear nuevos hábitos si te comprometes con ello, poco a poco, un día a la vez, durante las próximas cuatro semanas.

Si deseas obtener más información sobre cómo tener una conexión dinámica con Dios a través de la oración, te animo a que le des un vistazo al vídeo del plan y la guía de estudio de *28 días de oración*. Estos materiales complementarios son una manera perfecta de aprender más sobre el poderoso impacto que puede tener en tu vida hablar con Dios. A fin de obtener todos los detalles y ayuda para usar el estudio junto con el libro, o para estudiar con una amiga o tu grupo pequeño, visita:

www.ChrystalEvansHurst.com/pray

Mi oración es que Dios se vuelva más real para ti que nunca antes, a medida que pasas tiempo con Él. Es posible. ¿Cómo puedo saberlo? Porque me ha pasado a mí.

Primera semana

ALABANZA Y ACCIÓN DE GRACIAS

Hoy alabaremos a Dios y le agradeceremos
por su obra espiritual en nuestros corazones.

MEDITACIÓN DE LA MAÑANA

A veces, cuando vamos a Dios en oración, ¡lo hacemos con una gran lista de lo que queremos que Él haga por nosotras! (No yo, por supuesto. Otras personas). Y, por fortuna, Dios tiene la gracia de escuchar y recibir nuestras oraciones por lo que necesitamos y queremos.

Sin embargo, el primer día de nuestro viaje de oración, y el primer día de cada semana de oración, está dedicado a alabar y darle gracias a Dios. Cuando alabamos a Dios, lo adoramos por lo que es. Cuando le damos gracias a Dios, le expresamos nuestra gratitud por lo que ha hecho. En lugar de comenzar con nosotras mismas, nuestras oraciones de alabanza comienzan con Dios. Si Dios nunca hiciera otra cosa por nosotras, estas son las razones por las que aún lo amamos, admiramos y honramos.

Este es el asunto: cuando alabas a Dios, no necesitas un montón de fanfarrias religiosas. Solo dile lo que piensas de Él que es bueno. Felicítalo como lo harías con una amiga. En serio, es tan simple como dedicar un momento, cualquier momento durante el día, y decirle a Dios lo que sabes que es verdad acerca de Él.

Y darle gracias a Dios también es bastante sencillo.

¿Recuerdas hace unos años cuando se puso de «moda» llevar un diario de gratitud? Quizá ya hayas descubierto por ti misma lo poderoso que puede ser elegir la gratitud todos los días. La investigación ha demostrado que podemos transformar nuestras actitudes hacia Dios, hacia los demás e incluso hacia nosotras mismas, cuando practicamos la gratitud. Cuando hacemos un alto y le prestamos atención a nuestra vida de forma espiritual, física y relacional, notamos todo lo que nos ha provisto Dios. Y tenemos la oportunidad de darle gracias.

Hoy, le daremos gracias a Dios por lo que ha hecho espiritualmente por nosotras. Y durante las próximas semanas, le agradeceremos por lo que nos ha dado de manera física y social. Incluso, le agradeceremos a Dios por los desafíos que enfrentamos. (¡Estén atentas para aprender más!). Esta mañana, agradécele a Dios por todo lo que ha hecho espiritualmente en ti. (Más tarde hoy, orarás por los demás).

PUNTO DE PARTIDA PARA TU ORACIÓN
Querido Dios, gracias por mi salvación y mi vida contigo.

- Si puedes recordar el momento en particular de tu salvación, dale gracias a Dios por todo lo que te llevó a ese momento.
- Si Dios te dio una familia (padres, hermanos, abuelos, tías y tíos) que alimentaron tu fe cuando eras niña, dale gracias a Dios por cada uno de ellos.
- Si tu espíritu se fortaleció en una comunidad de fe, dale gracias a Dios por todas esas personas en el cuerpo de Cristo que te cuidaron y amaron hasta la fe en Jesús.

Esta mañana, dale gracias a Dios por tu relación con Él a través de Jesús.

REFLEXIÓN DE LA TARDE

Hoy dale gracias a Dios por todo lo que ha hecho por ti y por los demás en lo espiritual. Esta mañana le diste gracias a Dios por tu salvación, y esta tarde quiero que le agradezcas por lo que ha hecho en la vida de los demás: amarlos, redimirlos y guiarlos. Una de las personas por cuya fe le agradezco a Dios es mi mamá. Su fiel caminar con Jesús no solo me moldeó, sino que también formó la fe en mi hermana y mis hermanos. Mientras la veíamos depender de Dios, en los buenos tiempos y en los tiempos difíciles, aprendimos lo que es confiar en Dios y caminar con Él. Dios usó la vida espiritual de mi madre en nuestras vidas, y en la vida de muchos otros, por eso le agradezco a Dios por su fe en Él.

- Quizá tuvieras abuelos o padres cuya fe era una roca sólida para tu familia. Gracias a Dios por su fe.
- Quizá tuvieras una hermana o alguna otra compañera que te guio llevándote a un grupo de jóvenes o campamento de verano, donde conociste a Jesús. Gracias a Dios por su fe.
- Quizá hubiera un pastor u otro líder espiritual que invirtió en ti y te acercó a Dios. Gracias a Dios por su fe.
- Quizá vieras la fe formándose en la vida de tu hijo, sobrina o sobrino, u otro joven. Gracias a Dios por su fe.

Esta tarde, dale gracias a Dios por su gracia al llamar a otros a Él.

INSPIRACIÓN DE LA NOCHE

En su carta a los Romanos, Pablo aborda la esperanza de los creyentes. Recibieron la salvación espiritual, pero estaban esperando la redención de sus *cuerpos*. Explica: «Pero la esperanza que se ve, ya no es esperanza, porque ¿quién espera lo que ya está viendo? Pero si lo que esperamos es algo que todavía no vemos, tenemos que esperarlo con paciencia» (Romanos 8:24-25, rvc).

¿No es lo mismo cierto para las que esperamos la salvación de los seres amados que aún no conocen a Cristo? Con confianza en Dios, esperamos lo que aún no vemos. Tal vez sea la salvación de un pariente mayor que está cerca de la muerte. O tal vez hayamos orado durante años para que una querida amiga llegue a conocer al Señor. O tal vez seas la madre de un hijo descarriado y estés orando para que Dios tome el control de su vida de una manera poderosa.

Esta noche, ¡dale gracias a Dios por lo que no ves aún! Ofrécele a tus seres queridos que aún no lo conocen, y agradécele con antelación por su salvación.

Mi oración

Gracias a la fé de mi mamá que nos
enseñó con hechos no solo con palabras
sino que con su vida dedicada a Dios

ARREPENTIMIENTO

*Hoy consideraremos el regalo de la invitación
de Dios al arrepentimiento.*

MEDITACIÓN DE LA MAÑANA

Arrepentimiento. Para ser sincera, esta es la parte de la oración que no me gusta en realidad. Es la parte en la que examino mi corazón para darme cuenta de mis pensamientos, mis acciones y los aspectos de mi vida donde no agrado a Dios. Y cuando el Espíritu los revela, tengo la oportunidad de buscar el perdón de Dios.

¡Así que hay belleza en el arrepentimiento! Al pedir perdón cuando ofendí a Dios, lastimé a otros o me lastimé a mí misma, despejo el camino para que Él obre de manera más profunda y plena en mi vida.

Dedica un momento para preguntarle a Dios dónde no estás en la posición adecuada con Él. No te apresures a hacerlo. Pídele que te muestre dónde hay una desconexión entre lo que Él quiere para ti y cómo estás viviendo. Luego, siéntate unos minutos para escucharlo. Te sorprenderás de lo que quiere decirte cuando le des unos minutos para hablar.

Si te motiva hacerlo, expresa tus aspectos de lucha en la página en blanco al final de las oraciones de este día. ¿Quieres dar un paso más? Confiésale cuál es tu lucha a una amiga durante una visita o una llamada telefónica, o incluso en un mensaje de texto o correo electrónico. Pídele a tu amiga que te exija que le rindas cuenta durante los próximos siete días a fin de agradar siempre a Dios en ese aspecto de tu vida. Tu valentía para reconocerles tu pecado a otras podría incluso ayudarlas a hacer lo mismo.

REFLEXIÓN DE LA TARDE

Examíname, oh Dios, y conoce mi corazón;
pruébame y conoce los pensamientos que me inquietan.
Señálame cualquier cosa en mí que te ofenda
y guíame por el camino de la vida eterna.
Salmo 139:23-24, NTV

La razón por la que el pecado es tan destructivo es que, además de hacernos daño, ofende a Dios y también lastima a otros. Esta mañana hablamos sobre cómo la confesión de nuestros pecados a Dios nos ayuda a encontrar la libertad. Nuestra sinceridad con Dios es la llave que abre nuestra capacidad de caminar en la plenitud de lo que somos de veras y de lo que Dios quiere que seamos. Y esta tarde, consideraremos las formas en que nuestro pecado ofende a Dios.

A veces, el enemigo puede torcer nuestro pensamiento para hacernos creer que mientras nadie resulte herido, todo vale. Ya sea nuestro comportamiento sexual, nuestros hábitos dañinos o cualquier otro comportamiento pecaminoso, queremos creer que el pecado no es gran cosa. Si nos convencemos de que nadie sale lastimado, podemos poner excusas y justificar nuestro pecado en lugar de lidiar con él.

En cambio, el Salmo 139 nos recuerda que todo pecado ofende a Dios.

¿Hay algún pecado en tu vida que ofenda a Dios? Pídele al Espíritu de Dios que te lo revele. Haz una pausa para un «chequeo del corazón». ¿Tu vida le agrada a Dios hoy?

PUNTO DE PARTIDA PARA TU ORACIÓN

Querido Dios, no quiero herirte con mis pensamientos ni mis acciones. Perdóname por *la pereza*

Durante el día, haz un alto de vez en cuando para comunicarte con Dios. Pregúntale cómo puedes agradarle y pídele perdón donde no lo hayas hecho. El arrepentimiento no se trata tanto de encontrar faltas como de encontrar la libertad, la libertad de caminar con sinceridad con un Dios que te ama profundamente y quiere lo mejor para ti.

Si te ayuda, toma algunas notas sobre lo que el Espíritu te está mostrando. Si puedes, muéstrale a una amiga algunos de los pensamientos que anotas. Tu sinceridad con Dios, ya sea que se lo digas a una amiga o no, te permite hablar con Él con la conciencia tranquila, sabiendo que reconociste tus aspectos de debilidad y buscaste su ayuda.

INSPIRACIÓN DE LA NOCHE

Esta mañana vimos cómo encontramos la libertad cuando confesamos nuestros pecados. Y esta tarde consideramos las formas en que nuestro pecado ofende a Dios. Esta noche, pídele a Dios que te ayude a darte cuenta de las formas en que tu pecado hiere a los demás.

- ¿Tu temperamento hiere a las personas con las que vives?
- ¿Tu adicción o hábito desperdicia tiempo, dinero o energía con los que podrías bendecir a otros?
- ¿Tu comportamiento hacia los demás da un mal ejemplo a quienes observan tu vida?
- ¿De qué otra manera afecta tu pecado a los demás? Pídele a Dios que te lo muestre.

Aquí tienes las buenas noticias: La misericordia de Dios es más grande que cualquiera de tus errores. No es demasiado tarde para hablar con Dios y aclarar las cosas. Te alegrarás de haberlo hecho.

¿Y si hoy no fuera un buen día? ¿Y si sabes que lo estropeaste de alguna manera?

Bueno, ¿adivina qué? Él sabía que necesitarías su ayuda. Vino justo por eso.

—No son los sanos los que necesitan médico, sino los enfermos [...] No he venido a llamar a justos, sino a pecadores para que se arrepientan.

Lucas 5:31-32

No te avergüences de decirle que lo necesitas. Él está escuchando.

¿Necesitas a Jesús hoy? Díselo.

Si hoy fue un día de victoria para ti, díselo también.

Mi oración

_____
_____
_____
_____
_____
_____
_____
_____
_____
_____
_____
_____
_____
_____
_____
_____
_____
_____
_____

PETICIÓN

Hoy expresaremos nuestra confianza en que
Dios nos ve y nos escucha cuando oramos.

MEDITACIÓN DE LA MAÑANA

Este es el día que estabas esperando, ¿verdad? ¡El día en el que puedes presentarle tus peticiones a Dios! Así que no seas tímida: habla con Dios sobre todo esto. A menudo. Tan pronto como surja una necesidad, una preocupación, una decisión, una emoción o una circunstancia difícil, permíteme recordarte que debes hablar con Él. No lo molestas. A Él le gusta saber de ti.

En esta mañana, ¿qué petición ansías hacerle a Dios? No tienes que fingir tristeza y pedir lo que deberías orar. Piensa en algo por lo que de veras quieras orar. De todos modos, Él conoce tu corazón, ¿verdad?

Esta mañana, ora por los deseos de tu corazón.

Empieza hoy por ser sincera. ¿Qué es lo que más deseas de Dios para ti?

- ¿Una casa propia?
- ¿La sanidad de una enfermedad que afecta tu salud?
- ¿Una pareja con quien compartir tu vida?
- ¿Un trabajo que te permita proveer para tu familia?

Expresa el gran deseo de tu corazón en la página en blanco al final de las oraciones de este día. Hacer esto crea una buena oportunidad para una revisión del corazón en el futuro. Cuando regreses a este libro durante una nueva etapa de la vida, verás si el deseo de tu corazón se ha mantenido firme o si ha cambiado.

Elige al menos una cosa, la cosa por la que se consume tu corazón, y adelante.

Haz una pausa. Quédate quieta. Ponlo a los pies de Jesús y solo pide.

Ten la seguridad de que cuando oras, Dios escucha más de lo que dices, responde más de lo que pides y da más de lo que imaginas, en su tiempo y a su manera.

REFLEXIÓN DE LA TARDE

Esta mañana lo dejaste todo en las manos de Dios pidiéndole lo que más quieres. A Dios le encanta cuando le confías lo que hay en tu corazón. Esta tarde, pídele a Dios lo que necesitas.

A menudo habrá una superposición entre lo que deseas y lo que necesitas. Si necesitas un lugar seguro para vivir, ser dueña de tu propia casa, puede ser un deseo, pero no una necesidad. Si tienes un automóvil que te lleva al trabajo, un nuevo modelo de un todoterreno puede ser un deseo y no una necesidad. En cambio, si estás desempleada, conseguir un trabajo que te guste es tanto un deseo como una necesidad. Y si estás luchando contra el cáncer, la sanidad es tanto un deseo como una necesidad.

El psicólogo Abraham Maslow, nacido a principios del siglo XX, identificó nuestras necesidades humanas básicas como aire, agua, comida, refugio, sueño, ropa y reproducción. El siguiente nivel de necesidades que identificó fueron las de seguridad personal, empleo, recursos, salud y propiedad. A continuación, nombró necesidades relacionales: amistad, intimidad, familia y sentido de conexión. Hay algunas necesidades de orden superior, pero estas son las básicas.

Esta tarde, amadas, sean valientes al presentarse ante el Dios que anhela satisfacer sus necesidades.

PUNTO DE PARTIDA PARA TU ORACIÓN

Dios, sabes que necesito *mi vista*. Hoy confío en ti para que seas mi buen Proveedor.

Anota tus necesidades y observa cómo Dios las satisface.

INSPIRACIÓN DE LA NOCHE

*Si Dios respondiera a todas tus oraciones,
¿el mundo se vería diferente, o solo tu vida?*
Dave Willis, pastor

Ay.

Culpable.

Es natural pedirle a Dios lo que queremos y necesitamos. Sin embargo, ¡Dios también acoge con satisfacción la oración por los demás!

El autor Philip Yancey ofrece:

> *Cuando oro por otra persona, lo hago para que Dios abra mis ojos a fin de ver a esa persona como la ve Dios, y entrar en la corriente de amor que Dios dirige hacia esa persona.*

¿No es esto un gran consuelo? Tal vez sepas con exactitud lo que una persona necesita de Dios. ¡Excelente! En cambio, a menudo no sabemos de manera precisa cómo orar por otro. Romanos 8:26 nos anima: «El Espíritu nos ayuda en nuestra debilidad; porque no sabemos orar como debiéramos, pero el Espíritu mismo intercede por nosotros con gemidos indecibles» (LBLA).

Y nuestra unión a los gemidos del Espíritu es lo que describe Yancey.

Las lágrimas también son oraciones. Viajan a Dios cuando no podemos hablar.

Lee el Salmo 56:8

Esta noche, fíjate en una persona que Dios ha puesto en tu corazón por la cual orar. ¿Quién en tu vida necesita más el toque de Dios, la palabra de Dios, la dirección de Dios? Pídele a Dios que abra tus ojos para ver a esa persona como la ve Dios. Y luego, mientras oras con el poder del Espíritu operando en ti, únete a la corriente de amor que Dios ya está derramando sobre esa persona.

Y aquí tienes otro pensamiento: ¿Por quién o por qué *no* quieres orar? Esto también te hace culpable.

Si hay una persona o situación por la que deberías orar, pero no quieres orar en realidad, haz *eso* hoy.

¿Por qué?, te preguntas.

Porque glorificas a Dios cuando superas tus sentimientos para tener su corazón por las personas, las circunstancias complejas y los desafíos difíciles. Cuando oras por quienes te lastiman o persiguen, y muestras preocupación por las circunstancias de las que preferirías no ser parte, experimentas el corazón de Dios. Y Él sonríe.

Mi oración

mañana

Día 3 petición por mi hijo (trabajo)

Señor me das permiso de ir a visitar
a mis hermanas a Mty? cuando es el
tiempo correcto? Gracias Sr. por tu respuesta.
me gustaría ir a Israel con mi iglesia.
Quedo, que se haga tu voluntad Señor.

Tarde

Salud, mi vista, colesterol alto, salud en
general.

Noche

Orar por Silvia Rodríguez (salvación)
Perla (Sabiduría para criar a sus hijos
y sean Salvos y hijos temerosos de Dios.

DÍA 4 · *Jueves*

RENDICIÓN

Hoy consideraremos lo que significa rendirse a Dios.

MEDITACIÓN DE LA MAÑANA

Yo no tengo el control, pero quien lo tiene me ama profundamente.
Glenn Packiam

¿Qué significa rendirse?

El diccionario define *rendir* como «ceder ante argumentos, demandas o presiones; abandonar la posesión de algo o renunciar a algo; dejar de discutir».

Entonces, mi pregunta para ti es: ¿Dónde necesitas dejar de discutir con Dios? ¿De qué necesitas darle el control?

La respuesta no tiene por qué alterar la vida.

Quiero decir, claro, Él podría estar pidiéndote que te mudes a Costa Rica para ser misionera, pero es probable que te esté pidiendo que seas una sierva fiel en el campo misionero al final del pasillo.

Tómate un momento y piensa en dónde Dios te ha estado convenciendo, animando o hablando contigo. ¿Qué ha venido a tu mente y a tu corazón con frecuencia esta semana? ¿Qué paso crees que debes dar? ¿En qué parte de tu vida necesitas rendirte al plan de Dios?

Entrega. Esa es otra acepción de la palabra rendición.

Cuanto más entregas tu vida a la voluntad de Dios al pasar tiempo con Él y caminar en obediencia, más cosas apartarás del camino y permitirás que el poder de Dios te llene, y obre en ti y a través de ti.

Así que piénsalo.

Pregúntale a Jesús qué piensa.

Luego, si lo deseas, escríbelo en la página en blanco al final de las oraciones de hoy.

¿Qué le darás a Dios esta semana como resultado de tu alabanza, tu gratitud, tu necesidad de perdón y las peticiones que le has hecho?

PUNTO DE PARTIDA PARA TU ORACIÓN

Amado Dios, puedes quedarte con _____.
Ayúdame a apartarlo del camino.

REFLEXIÓN DE LA TARDE

No tenemos el llamado a caminar con nuestras fuerzas;
tenemos el llamado a obrar con las de Él.

Y piensa en esto: ¿qué necesitas soltar para seguir la dirección de Dios en lugar de tratar de arreglar tu vida?

Sé que es difícil soltar. Nos gusta sentir que estamos a cargo de nuestras vidas. Sin embargo, quiero que sepas que algunas cosas terminan siendo más difíciles de lo que tienen que ser porque insistes en hacerlas con tus propias fuerzas.

Esta es una lección que tuve que aprender de la manera más difícil. Rendirme a Dios y soltar mi control hace la vida más fácil. Si bien tengo la responsabilidad de lo que hago con mi vida, vivir una vida rendida me permite descansar sabiendo que Alguien tiene una responsabilidad aun mayor por mi vida y está comprometido en guiar mis pasos.

¿Le has entregado esa responsabilidad a Dios, la responsabilidad en la que has estado trabajando tan duro?

La rendición no significa que no trabajes, solo significa que no te adelantas a Dios y a lo que con claridad Él te pide, convence o da el poder para hacer.

Su fuerza puede llevarte mucho más lejos que tu voluntad.

Cada viernes de este viaje de oración, el enfoque está en rendir o entregar tu vida, en grandes y pequeñas formas, al Padre.

¿Confías en Él? Responde la pregunta con sinceridad. Entonces, díselo. Dile si la respuesta es un rotundo sí o un poco vergonzoso no. Él lo sabe de todos modos. Sé sincera por el bien de la autenticidad con Dios.

Incluso, si no sientes que confías en Él, *haz* algo hoy para actuar como lo haces. Confía en que Él se encargará de lo que le entregues hoy.

¿Cómo es de veras confiar en Él en tu vida? ¿Qué harías de manera diferente si optaras por confiar en Dios para hacer el trabajo pesado?

Respira profundo. Arriésgate con Él. ¿Cuál es tu primer paso si crees que Él es bueno y que tiene todo bajo control?

Está bien si tu corazón late un poco más rápido.

Los pies no tienen que seguir los sentimientos, pero siempre deben seguir al Padre.

INSPIRACIÓN DE LA NOCHE

Señor, no puedo decirlo con palabras. ¿Puedes, por favor, escuchar a través de mi corazón?

Sé que quizá sientas la tentación de meterte en la cama. Tal vez tuvieras un día largo, una semana larga o incluso un año largo. Sé que estás cansada.

Aun así, ayer descubrimos que el Espíritu Santo puede expresar lo más profundo de nuestro corazón cuando no tenemos el entendimiento ni la energía para pronunciar una sola palabra.

Quédate quieta y habla con Dios desde tu corazón. Orar desde tu corazón da resultado cuando oras por otros y no sabes cómo orar. También resulta cuando quieres entregarle todo tu ser a Dios.

Dile a Dios que quieres entregarle tu vida a Él. Y, luego, una vez que te quedes sin palabras, pídele que lea entre los latidos de tu corazón y decodifique el mensaje que no puedes crear. Él te escuchará. Él te consolará. Él te responderá. Considera inclinar tus manos hacia Dios, con las palmas abiertas, para demostrar una postura de rendición a su voluntad y no a la tuya.

Mi oración

fuerza de voluntad.

pereza

necesito soltar a mi hijo que
él haga su vida.

Tengo que confiar en el Señor
que El lo hará mejor que yó

pedir ayuda al E.S. para q'
interceda por mi.

FAMILIA Y AMISTADES

Hoy nos concentraremos en las necesidades
de otros al orar por la familia.

MEDITACIÓN DE LA MAÑANA

Una gran película sobre la oración. Tu hermana protagoniza esa película. Ninguna de estas cosas es lo que yo llamaría normal. Ver a mi hermana, Priscilla, en *Cuarto de guerra* me dejó sin palabras, y es mejor que creas que estaba orando por ella y por la gente que la miraba. Sin embargo, esto me hizo pensar. ¿Oro por mi hermana en los tiempos normales también?

Durante nuestro desafío de oración, oraremos por nuestras familias los viernes. Al igual que algunas familias y restaurantes tienen martes de tacos, los viernes serán los viernes de la fe, las amigas y la familia.

A veces, nos damos cuenta de que estamos orando por nosotras mismas, pero hemos tardado en orar por los demás, en especial por los que nos son familiares, por los que vemos todos los días y cuyas vidas parecen ir bien.

Si mi hermana protagoniza una película, ¿oro por ella? Por supuesto. En cambio, si mi hermana está sentada al volante llevando a sus hijos al entrenamiento de béisbol, ¿oro por ella entonces? ¿Lo normal de mi vida converge con lo normal de mis labios? Debido a que no tiene que haber una crisis especial que nos obligue a entrar en nuestros clósets de oración, y nos motive a ir a la guerra por nuestras vidas y por las vidas de los demás.

La oración le ofrece a Dios las cosas de nuestra vida cotidiana. ¡Las personas *son* las cosas de nuestra vida diaria! Y esas dos deberían converger con regularidad. Esta es la disciplina de la oración. Tus oraciones, incluso las que se refieren a preocupaciones diarias y a la gente común, son importantes.

¿Qué personas o circunstancias normales le quieres llevar al Dios Altísimo?
Él quiere escuchar sobre tu normalidad.
Proponte orar por tu normalidad todos los días.
Y asegúrate de incluir a los miembros de tu familia.

PUNTO DE PARTIDA PARA TU ORACIÓN
Dios, hoy te ruego por el miembro de la familia que pusiste en mi corazón: _____.

REFLEXIÓN DE LA TARDE

Para ganar la batalla, hay que tener la estrategia y los recursos adecuados, porque las victorias no llegan solas.
De *Cuarto de guerra*

¿Dónde necesita tu familiar la victoria en su vida? ¿Has estado orando por eso? Empieza a orar o sigue orando al respecto aquí.

PUNTO DE PARTIDA PARA TU ORACIÓN
Amado Dios, mi _____ (familiar) necesita la victoria en _____.

Tus oraciones, incluso las normales de todos los días, son importantes.

Para salir victoriosa, debes reconocer que Satanás es un ladrón que viene a matar, robar y destruir (Juan 10:10), y que trabaja sin parar para incapacitar, desanimar y derrotar a los creyentes a cada minuto de cada día.

Debes darte cuenta de que si él tiene una estrategia atrevida para dominarte, debes usar tus fervientes oraciones como un arma audaz y estratégica para vencer y obtener la victoria por medio de Cristo Jesús. Sé una guerrera implacable al luchar por tu familia en oración.

INSPIRACIÓN DE LA NOCHE

Lo que el público aprendió de *Cuarto de guerra* es que la oración cambia las cosas. ¿Tú lo crees?

Mi hijo del medio sufrió una lesión de nacimiento después de un parto difícil. Estaba tan devastada como lo estaría cualquier madre joven debido a que su hijo tuviera un desafío físico. Llevé a mi hijo al altar de la iglesia todos los domingos durante siete domingos seguidos, rogándole a Dios que sanara y que hiciera un milagro con este hijo. Aunque mi hijo todavía tiene remanentes de esa lesión, *debido a la lesión* ha desarrollado un espíritu perseverante, y no hay nada que quiera hacer que no lo logre. Si bien todos mis hijos me dan alegría, sé todas las cosas que los médicos dijeron que mi hijo no podría hacer, y he visto a Dios responder a mis oraciones una y otra vez para que mi hijo logre más de lo que la ciencia médica esperaba de él.

Esta noche, te animo a que seas sistemática al orar por tu familia. (Esa es solo una forma elegante de decir: «¡No dejes a nadie fuera!»). Una excelente manera de hacerlo es imaginarte mentalmente tu árbol genealógico.

- Ora por tus abuelos maternos y paternos, si los conoces.
- Ora por tu madre, tu padre y cualquier otro adulto que ayudó a criarte.
- Ora por tus tías, tíos y primos.

- Ora por los hermanos que tengas, y si tienen cónyuges e hijos, ora por ellos.
- Ora por tu esposo, si estás casada.
- Ora por tu futuro esposo, si deseas casarte.
- Ora por tus hijos, si los tienes.
- Ora por los hijos de tus hijos, ¡si tienes nietos!

Si orar a través de todo tu árbol genealógico esta noche parece abrumador, lo entiendo. Considera pedirle a Dios que ponga a una persona en tu corazón esta noche, y continúa orando por esa persona durante el fin de semana. Tal vez escribas su nombre en algún lugar visible o pongas su foto como fondo de pantalla en tu teléfono. Incluso, después que termines el viaje de oración, puedes continuar con los viernes de amistades y familiares al elegir una persona por la cual orar los viernes.

¿Cómo te sientes en cuanto a las oraciones que le ofreces a Dios en este viaje de oración? A veces, nos engañamos al pensar que nuestras oraciones dependen de encontrar las palabras adecuadas o de tener más fe que otras personas. Sin embargo, esas son mentiras del enemigo. ¿Oras basándote en quién es Dios y en lo que Él puede hacer? ¿O limitas tus oraciones de acuerdo con lo que puedes ver o lo que puedes hacer que suceda por tu cuenta? Si limitas tus oraciones, no lo hagas.

Dios es quien dice que es Él.

Mi oración

DESAFÍOS DEL SÁBADO

*Hoy nos fijaremos en las necesidades
de los vecinos que viven cerca de nosotros.*

MEDITACIÓN DE LA MAÑANA

Un día, cuando Jesús estaba enseñando, un maestro sabiondo le preguntó cuál era el mandamiento más importante de todos. Quizá fuera sincero. O tal vez estuviera tratando de atrapar a Jesús. (Tendría que escuchar el tono de su voz para saberlo con seguridad).

En realidad, la respuesta de Jesús no fue una cosa, sino *dos*. Le dijo: «"Ama al Señor tu Dios con todo tu corazón, con toda tu alma, con toda tu mente y con todas tus fuerzas". El segundo es: "Ama a tu prójimo como a ti mismo". No hay otro mandamiento más importante que estos» (Marcos 12:30-31).

Para Jesús, no se pueden separar el amar a Dios y el amar a las personas. Y por eso es que pasaremos los sábados orando *y* amando a los demás.

Aunque Jesús no quiso decir en absoluto que nuestro amor deba limitarse a quienes cuyas casas o propiedades estén junto a las nuestras, es por ellos por los que vamos a orar en este primer sábado de nuestro viaje de oración: los vecinos que viven cerca de nosotras.

Así que cierra los ojos e imagina a las personas que viven en tu calle, en tu condominio, en tu edificio de apartamentos y preséntaselas a Dios. Escribe sus nombres en este libro. Asegúrate de incluir a todos los miembros de cada hogar cerca de ti: solteros, parejas, bebés, niños, adolescentes, abuelos y cualquier otra persona que viva cerca de ti.

REFLEXIÓN DE LA TARDE

Esta mañana te diste cuenta y oraste por todas las personas que viven cerca de ti. Esta tarde, ora por las necesidades físicas de estos vecinos:

Dios, provéele a _Angela_ de aire limpio, agua y alimentos para comer.

Dios, provéele a _Var gaz_ de refugio y sueño adecuados.

Dios, provéele a _Gonzales_ de ropa para sus cuerpos.

Dios, provéele a _Mary_ del trabajo que necesita para sobrevivir y prosperar.

Dios, provéele a _John_ de una buena salud física.

Dios, provéele a _Gzz_ de las cosas materiales que necesita.

Dios provéele a _derecha_ del transporte para la escuela y el trabajo.

Mientras oras, espera que el Espíritu de Dios te recuerde las necesidades físicas de tus vecinos. Cuando te des cuenta de estas necesidades, preséntaselas a Dios y ponte a su disposición en cuanto a las formas en que Él podría usarte para satisfacerlas. (Seamos claras: esto no significa que tú seas el Salvador. Sin embargo, puede significar que logres conectar a una vecina con otra que conduce a la misma escuela, o que pueda compartir la ropa que sus hijos ya no necesitan. ¡Permite que Dios provea para otros a través de ti!).

A medida que Dios te guíe, anota en este libro las necesidades que estás elevando a Él por tus vecinos junto a sus nombres.

INSPIRACIÓN DE LA NOCHE

Ora por las necesidades del «corazón» de tus vecinos:

Dios, provéele a _____ de una buena salud emocional y mental.

Dios, provéele a _____ de relaciones saludables.
Dios, provéele a _____ de la pareja o del hijo, o de
   otra buena relación que anhela.
Dios, provéele a _____ de una relación contigo.
Dios, provéele a _____ de una buena salud física.
Dios provéele a _____ del alimento espiritual que
   necesita para prosperar.

Mientras oras, espera que el Espíritu de Dios te recuerde las necesidades emocionales o espirituales de tus vecinos. Preséntaselas a Dios y ponte a su disposición en cuanto a las formas en que Él podría usarte para satisfacerlas. (Recordatorio: Tú no eres el Salvador. En caso de que te hayas confundido. Aun así, Dios puede alentarte a invitar a una vecina a que se una a ti en la iglesia o darle un libro espiritual que ha sido una bendición para ti).

Amada, esta noche y a lo largo de nuestro viaje de oración, quiero recordarte que no estás sola:

«El SEÑOR mismo peleará por ustedes. Solo quédense
tranquilos».

Éxodo 14:14, NTV

¿Sabes lo que eso significa? Puedes descansar y esperar a que Dios intervenga en la vida de tus vecinos. Puedes dejar de esforzarte por arreglar las cosas tú misma y ver cómo Dios las arregla para ti. Puedes relajarte y dejar que Él luche por las almas.

Cuanto más confíes en Él, más fácil será. Y la confianza se construye con el tiempo.

A medida que Dios te guíe, anota en tu diario de oración las necesidades de tus vecinos que le estás elevando a Él.

Mi oración

ORACIONES DEL DÍA DE DESCANSO

*Hoy apoyaremos al cuerpo de Cristo
al orar por nuestros pastores.*

MEDITACIÓN DE LA MAÑANA

Ayer, tuvimos el desafío de orar por los vecinos que viven cerca de nosotros. Y los sábados, seguiremos orando por los que tenemos cerca y los que están más lejos.

Los domingos oraremos por nuestra comunidad espiritual, nuestros hermanos y hermanas en Cristo.

Hoy quiero que ores por tu pastor.

Por pastor, me refiero a la persona principal que te alimenta espiritualmente. Piensa en la persona que te enseña los domingos por la mañana cuando te sientas en el banco de la iglesia o que ministra tu corazón mientras miras en línea o que predica la Palabra de Dios cuando vas y vienes a trabajar cada día. Si varias personas alimentan tu alma, te ayudan a acercarte más a Dios o te enseñan la Palabra, no te preocupes por abarcarlas todas hoy. Concéntrate en quien tiene la mayor responsabilidad de nutrirte en lo espiritual durante esta etapa de tu vida.

¿Aún no sabes qué orar con exactitud? Permíteme ofrecerte una manera de orar por tu pastor: esta mañana, ora por la salud y el bienestar de tu pastor; esta tarde, ora por la familia y las relaciones de tu pastor; esta noche, ora por el ministerio de tu pastor hacia ti y hacia los demás.

ORACIONES BREVES

«Dios, te ruego por la salud física de _____, mi pastor». (Haz una pausa para dejar que Dios te guíe mientras oras por la salud física de tu pastor).

«Dios, te ruego por la salud mental y emocional de _____, mi pastor». (Haz una pausa para dejar que Dios te guíe mientras oras por la salud mental y emocional de tu pastor).

«Dios, te suplico por la salud espiritual de _____, mi pastor». (Haz una pausa para dejar que Dios te guíe mientras oras por la salud espiritual de tu pastor).

Cada semana, tu pastor se vuelca sobre los demás: enseñando, predicando, aconsejando, liderando, y más. Pídele a Dios que llene a tu pastor con su amor. En oración, imagina un vaso vacío y Dios llenándolo con su presencia, su amor, su poder.

Tus oraciones son importantes. Dedica tiempo esta mañana para orar por la persona que te ayuda a crecer espiritualmente y te anima a serle fiel a Dios.

REFLEXIÓN DE LA TARDE

Esta tarde orarás por el ministerio de tu pastor.

1. Predicación

   Ora para que la predicación de tu pastor sea audaz y centrada en Cristo. En un mundo cada vez más antagónico al cristianismo, ora para que tu pastor o líder espiritual tenga el valor y la tenacidad de predicar la Palabra de Dios plenamente y de concentrarse en la obra salvadora de Jesucristo.

2. Enseñanza

Ora para que la enseñanza de tu pastor sea fiel a las Escrituras. Pídele a Dios que bendiga el estudio y la preparación de tu pastor. Pídele que la enseñanza de tu pastor glorifique a Jesucristo y edifique el cuerpo de Cristo.

3. Liderazgo

Ora para que tu pastor sea un buen líder. Pídele a Dios que le dé a tu pastor una visión para la vida de la iglesia y el crecimiento de sus miembros. Pídele a Dios que le dé a tu pastor sabiduría sobre cómo ejecutar esa visión. Pídele a Dios que bendiga a tu pastor con otros líderes fuertes y valientes en el cuerpo para hacer la obra para la que se ha llamado a tu iglesia.

4. Ministerio a las personas

Ora para que tu pastor sea fiel al ministrar a los miembros de su congregación. Mientras lo haces, ora a través de las diversas interacciones semanales de tu pastor con la gente: consejería, reuniones, llamadas telefónicas, correos electrónicos, visitas personales, reuniones antes de ceremonias como matrimonios y bautismos, etc.

INSPIRACIÓN DE LA NOCHE

Esta noche, ora por la familia de tu pastor. ¡Sé considerado en cómo piensas de la familia de tu pastor!

- Quizá tu pastor comparta la vida con su cónyuge. Ora para que esas almas preciosas sean felices y a que sea de bendición para tu pastor.
- Tal vez tu pastor sea el padre de hijos pequeños o mayores. Ora por las necesidades de esos hijos, así como por sabiduría y entendimiento para tu pastor.

- Puede que tu pastor esté cuidando a miembros de la familia, como hermanos, padres u otras personas, con desafíos especiales. Ora para que tu pastor tenga la fuerza para ser fiel en estos deberes.
- Si tu pastor es soltero, ora para que el Señor satisfaga las profundas necesidades relacionales del corazón de tu pastor. Si tu pastor desea casarse, ora por esa persona que aún no se ha revelado.
- Pídele a Dios que cubra lo que no sabes sobre la familia de tu pastor. Tal vez sea una condición de salud que es privada. Quizá sea una adicción. Tal vez sea una relación difícil. Pídele al Espíritu de Dios que se una a tus oraciones por tu pastor y la familia de tu pastor.

Satanás es real y ha fijado un objetivo a las espaldas de quienes guían a otros hacia la rectitud. Ora por protección, cobertura, plenitud, amor y compromiso profundo y permanente.

FINAL DE LA PRIMERA SEMANA

Reflexión

Esta semana empezamos a sentar las bases para una vida de oración. Se ha comenzado a crear ritmos y hábitos para que puedas convertirte en una persona que le pide a Dios con regularidad. Es importante que dediquemos un minuto para reflexionar sobre la semana. ¿Qué fue difícil para ti cuando comenzaste a dedicar tiempo para orar con regularidad? Para algunas de nosotras, la parte difícil solo es recordar hacerlo.

Si estuviste luchando para que la oración formara parte de tu día de manera constante, considera usar algunos de los siguientes recordatorios sencillos para ayudarte:

- Configura el temporizador de tu teléfono para cada una de las oportunidades de oración diaria descritas en este libro. También puedes usar el temporizador de tu reloj de la misma manera. Cuando el temporizador se apague, se te recordará que debes activar los ritmos de la «Meditación de la mañana», la «Reflexión de la tarde» y la «Inspiración de la noche».
- Ten un recordatorio. Usa una prenda de vestir o un accesorio para que seas consciente de tu necesidad y deseo de hablar con Dios. Quizá el mejor recordatorio sea una banda elástica en la muñeca, una tirita en el dedo o incluso la palabra ORA escrita en la palma de la mano.
- Toma unas tarjetas de tres por cinco y escribe palabras o frases que te recuerden que debes hablar con el Señor. Colócalas en los lugares donde es probable que estés por la mañana (en el

espejo del baño), por la tarde (en el automóvil), a la hora de la cena (dentro del armario de los condimentos) o por la noche (en tu mesita de noche).

- ¿Tienes una amiga que sea buena de verdad en esto? ¡Pídele que se comunique contigo todos los días o cada semana para rendirle cuentas!

A veces, solo se necesitan algunas cosas simples para ayudarnos a mantener nuestro enfoque y no olvidar lo que tratamos de cultivar durante estos veintiocho días. ¡No dejes que los baches en el camino te impidan continuar el viaje!

Ahora que pasaste una semana hablando con Dios, dedica un tiempo para reflexionar sobre tu jornada de oración. Selecciona al menos una de las siguientes preguntas para considerar tu experiencia hasta el momento. Puedes decirle tu respuesta a Dios o a una amiga, o anotar tus ideas en un diario.

- ¿Qué me ha impedido acordarme de orar? ¿Cómo puedo crear un recordatorio sencillo que me ayude?
- ¿Qué parte del día encuentro más impactante? ¿Las mañanas? ¿Las tardes? ¿Las noches? ¿Cómo puedo usar el ímpetu durante ese tiempo para estimularme en los momentos en que puede ser más difícil?
- ¿Qué me ha enseñado Dios esta semana sobre sí mismo a través de mi tiempo de oración? ¿Qué me ha enseñado sobre mí? ¿Qué me ha enseñado acerca de los demás?
- ¿Qué oraciones he visto contestadas esta semana? ¿Cómo puedo usar eso como un estímulo cuando siento que Dios no está escuchando o que la oración no importa en realidad?

Segunda
semana

ALABANZA Y ACCIÓN DE GRACIAS

Hoy alabaremos a Dios y le daremos gracias por los dones físicos que nos ha dado.

MEDITACIÓN DE LA MAÑANA

¿Sabes qué? ¡Te dieron otro lunes! Comenzó una nueva semana. Y puedes elegir la actitud con la que recibes cada día. Empezar con un corazón agradecido que rebosa de acción de gracias por lo que Dios ha hecho y por quién es Él, puede cambiar la forma en que ves tu mundo. Cuando te das cuenta de que la vida no nada más pasa, sino que *tú* logras que pase la vida, comprenderás el poder que puede tener tu alabanza.

Si crees que eres bendecida porque Dios es bueno, exprésale tu gratitud a Él y observa cómo ese aprecio influye en tu perspectiva. ¡Pruébalo!

PUNTO DE PARTIDA PARA TU ORACIÓN

Querido Dios, hoy estoy agradecida por _____.
Estoy agradecida de que tú _____. Te adoro porque tú eres _____.

¿Quieres más? Toma un pósit, un bloc de notas o tu teléfono, y mantén una lista actualizada de lo que estás agradecida hoy. Luego, observa cómo la gratitud marca la diferencia en tu día.

Es fácil concentrarse en lo que está mal en nuestra vida. ¡Pero no hoy! Dedica un momento para elegir la gratitud y concentrarte en lo que está bien. Hoy le agradeceremos a Dios por suplir nuestras necesidades físicas, y esta mañana le agradeceremos a Dios por mantenernos físicamente seguras.

Las oraciones por la seguridad física pueden ser algo así:

- Gracias por protegerme del peligro físico.
- Gracias por proporcionarme la casa en que vivo.
- Gracias por los que sirven en mi comunidad para mantener a todos a salvo.
- Gracias por protegerme del frío y del calor.

PUNTO DE PARTIDA PARA TU ORACIÓN
Querido Dios, te doy gracias por _____.

Escribe una oración personal de gratitud en tu diario o cuaderno de espiral. Tu agradecimiento moldeará la forma en que vives hoy.

Aunque la oración de alabanza y acción de gracias no está programada en este libro todos los días, es posible que quieras tener como meta registrar estas oraciones de «actitud de gratitud» durante los próximos veintiún días.

REFLEXIÓN DE LA TARDE

A veces, solo necesitas detenerte y dar gracias.

Querido Dios, quiero tomarme un minuto para no pedirte nada, sino solo para darte las gracias por todo lo que tengo.

Esta tarde, le agradeceremos a Dios por su provisión física para nuestros cuerpos.

Las oraciones por la seguridad física pueden ser algo así:

- Gracias por proveer los alimentos que comí y los que comeré hoy.
- Gracias por la ropa que me proporcionaste para vestir.
- Gracias por la salud que he disfrutado en mi cuerpo y las cosas que me permites hacer con él.
- Gracias por el acceso a los proveedores médicos y los tratamientos que necesito para mantenerme bien.

Hoy, y todos los días, puedes usar las necesidades de tu cuerpo como motivos para mostrarle gratitud a Dios:

Cuando te sientes a comer, dale gracias a Dios por ser un proveedor fiel.

Cuando te vistes por la mañana, dale gracias a Dios por todo lo que puede hacer tu cuerpo.

Cuando hagas algo asombroso, como abrazar a un niño, levantar la compra o lanzar un *Frisbee*, dale gracias a Dios por las habilidades que te ha dado.

Cuando tu cuerpo se queja, estornudas, te enfermas de gripe o sufres una lesión, dale gracias a Dios por el acceso a los cuidados que necesitas para recuperarte.

Dale gracias a Dios por satisfacer todas tus necesidades.

¿Cómo te ha ido en este viaje de oración?

Si bien es cierto que comenzar el día con un corazón agradecido puede marcar el tono de tu actitud y tus acciones a lo largo del día, no es el fin del mundo si lo olvidas. Haz una pausa para volver a la oración breve de esta mañana y dar gracias. Detente y mira a tu alrededor.

¿Cuáles son las bendiciones físicas que Dios te ha provisto para que se las agradezcas?

La parte difícil de orar sin cesar es recordar hacerlo a lo largo del día. Aun así, Dios siempre está contigo. Solo tienes que mantener la conversación. Si no te detuviste esta mañana para hablar con Dios, no es demasiado tarde. Incluso, si te apuraron esta mañana, tómate un momento y dale un poco de tiempo ahora mismo. Todavía estás al principio de tu día.

INSPIRACIÓN DE LA NOCHE

Amada, por favor, ten cuidado de no darme el tiempo que sobra. Estoy aquí. No hay duda de eso. Sin embargo, te pierdes cuando te aceleras a través de tu tiempo conmigo.

No importa lo cansada que te sientas esta noche, no dejes de hablar con Dios antes de irte a la cama. Si encendiste la televisión y te acomodaste para relajarte, intenta darle a Dios unos minutos de tu tiempo. Si estás a punto de desanimarte porque estás muy agotada, solo dale a Dios cinco minutos antes de acostarte. Si olvidaste hablar con Dios hoy, eso no tiene nada que ver si pasas un par de minutos hablando con Él esta noche. Hazlo. Háblale. Ponlo a Él primero. Serás la mejor por eso. Haz una lista de gratitud y guárdala en tu Biblia o en tu cartera, colócala en tu espejo o en el refrigerador, donde sea que la veas, y cuando necesites que te recuerden lo bueno que hay en tu vida y lo bueno que es tu Dios, sácala. Si necesitas más inspiración para practicar el agradecimiento y la gratitud como una forma de vida, consulta *Un millar de obsequios*, de Ann Voskamp.

Esta noche le agradeceremos a Dios por proporcionarnos todo lo que necesitamos para sobrevivir y prosperar.

- Tal vez sea la bicicleta que usaste para ir al trabajo o el microbús que transportó a tus hijos.
- Tal vez sea la madera que estás usando para construir una casa para el perro o una fortaleza en un árbol.
- Tal vez sea la tierra de tu jardín la que produzca verduras nutritivas.
- Tal vez sea la frazada gastada de un hijo.

Aunque te sientas agotada al final del día, dale gracias a Dios por satisfacer tus necesidades físicas. Ahora mismo, en medio de los platos de la cena, en medio del agotamiento de otro día, en medio de hacer recados, en medio de los niños corriendo o de correr en la cinta, ¡da gracias!

Encuentra algo. Una cosa. Cualquier cosa.

¿Qué salió bien hoy?

Si analizas con atención, incluso en los peores días, descubrirás que Dios todavía ha sido bueno. ¿Cómo puedes darle gracias?

No te olvides de sacar tu diario de gratitud o cuaderno de espiral (o incluso las notas en tu teléfono si todo lo demás falla).

Y además de dar gracias, también queremos alabar a Dios solo por quién es Él. Si quieres ir un paso más allá, cierra tu día buscando un canal de alabanza y adoración en *Pandora* o *Spotify*, y pasa unos minutos reflexionando sobre la bondad de Dios. Incluso, puede que descubras que descansas mejor debido a eso.

Mi oración

Vida, salud, hijos, casa, comida
finas de la iglesia.

ARREPENTIMIENTO

Hoy le ofreceremos a Dios las luchas continuas y crónicas en nuestra vida.

MEDITACIÓN DE LA MAÑANA

Perdóname por retomar lo que ya puse a tus pies.

De seguro que no soy la única que le da a Dios una preocupación y le dice que confiará en Él, pero después de unas horas, días o semanas retoma el mismo problema. Créeme cuando digo que nunca es mi plan. En realidad, quiero lavarme las manos y dejarlo en las manos de Dios. Sin embargo, a medida que pasa el tiempo, me siento ansiosa. Creo que podría hacer un mejor trabajo en el control de mi vida que Dios. Y así, ese asunto que me propuse dejar a los pies de Jesús, de alguna manera termina en mis manos, en mi bolso o escondido en el fondo de mi clóset, ¡pues lo vuelvo a tomar!

¿Por qué importa esto? Dice que no confío en Él. Lo que Dios me pide que le dé es confianza total y dependencia de Él.

 Yo nunca cometo el mismo error dos veces. Lo cometo como cinco o seis veces, ya sabes, solo para estar segura.

¿No es esto la verdad? ¿Por qué necesitamos darle a Él las mismas cosas una y otra vez? A decir verdad, hay muchas razones, pero ninguna niega la abundancia de la misericordia de Dios. Si tropiezas una y otra vez, solo significa que tienes que admitir tu culpa ante Dios, recibir su perdón y seguir adelante.

¿Tienes una mala actitud en tu matrimonio? Llévaselo al Señor. ¿No eres fiel para administrar tus finanzas de una manera que agrade a Dios? Llévaselo al Señor. ¿Luchas por darlo todo en el trabajo? Llévaselo al Señor. ¿Eliges el egoísmo en lugar de la generosidad en tus relaciones? Llévaselo al Señor. ¿Comiste demasiado en el almuerzo hoy... de nuevo? Llévaselo al Señor. Recuerda, Él ya sabe dónde luchas y dónde has caído. Caes siete veces, levántate siete.

La misericordia de Dios es más grande que cualquiera de tus errores.

REFLEXIÓN DE LA TARDE

Si eres como yo, te das cuenta de que cuando llega el momento de examinar tu corazón, tu mente y tus acciones para detectar cualquier cosa que ofenda a Dios, terminas identificando las mismas cosas una y otra vez. Si tu boca es la que te mete en problemas, es probable que no sea de Pascuas a Ramos. ¿Entiendes lo que quiero decir? ¡Tal vez descubras que tu lengua sea un obstáculo con regularidad!

Lo mismo ocurre con la lucha por andar en pureza. (Quiero decir, ¿podemos vivir la realidad aquí?). Hay quienes tienen una lucha única, y hay otras que se encuentran cayendo una y otra vez.

Y luego está la falta de perdón, la única cosa en la que debería basarse nuestro propio perdón. Puedes hacer el intento por dejar pasar algo solo para darte cuenta de que estás albergando dolor, una profunda tristeza o un rencor que liberas con la boca, pero no con el alma.

Si te encuentra confesándole los mismos pecados a Dios, semana tras semana, año tras año, no eres la única.

Sin embargo, ¿qué significa arrepentirse? Me encontré con esta cita y creo que aclara el significado:

El arrepentimiento no se entiende como un simple arrepentimiento por el pasado, sino como una nueva visión del futuro arraigada en un compromiso valiente en el presente.

Padre Alexis

Es esa parte del «compromiso valiente» la que nos hace tropezar. Déjame preguntarte: ¿cómo sería un compromiso valiente en tu vida? Si fueras más allá del arrepentimiento, y tal vez incluso de la vergüenza, ¿qué cambios puedes hacer para tener una nueva visión de tu futuro? Vamos, amiga. Sé valiente.

PUNTO DE PARTIDA PARA TU ORACIÓN

Querido Dios, ayúdame a ir más allá del arrepentimiento.
Dame un compromiso valiente con _mis vergüenzas_

INSPIRACIÓN DE LA NOCHE

Todos queremos progresar, pero si vas por el camino equivocado, el progreso significa dar media vuelta y regresar al camino apropiado; en ese caso, el hombre que da la vuelta antes es el más progresista.
C.S. Lewis, autor

Aunque me gustaría poder eliminar los pecados de mi vida que me enredan con más frecuencia, el hecho es que termino confesándole algunos de los mismos pecados a Dios año tras año.

¿Qué me dices de ti? ¿Estás cansada de arrepentirte de esa adicción al alcohol, o a la comida, o a las compras, o a las redes sociales o a cualquier otro entretenimiento? ¿Te sientes un poco cansada por seguir confesando los mismos pecados contra tu esposo o tus hijos? ¿Estás agotada, o crees que Dios está agotado, porque no eres regular en las disciplinas espirituales que quieres practicar?

Está bien. No permitas que una lucha a largo plazo te impida aceptar tu desafío. Cuéntale acerca de eso. Él lo sabe de todos modos.

Lo que más importa es que prestes atención cuando el Espíritu de Dios te revele que vas en la dirección equivocada. Esa es la mitad de la batalla. Ahora bien, ¿qué hará falta para que te des la vuelta?

Antes de dormir, recuerda que está bien no estar bien. Todas
tenemos nuestras luchas. Dios te ama por lo que eres, pero te
ama demasiado para dejarte así.

No permitas que este día enfocado en el arrepentimiento te deje
sintiéndote golpeada y quebrantada. Todas tenemos nuestras luchas.
Pero querida, debes saber que el maravilloso amor de Dios es el que
no te dejará cómoda en tu lucha. Tu sentimiento de culpabilidad es
una señal de que Él está obrando en ti para producir los cambios
que le traerán gloria y que, además, te traerán el bien a ti. No te
concentres en lo que no puedes hacer bien y dejar que te deprima.
Concéntrate en el hecho de que un Dios amoroso te persigue sin
descanso, incluso si eso significa hacer que te sientas incómoda para
que encuentres el camino directo hacia sus brazos.

Mi oración

Sr. Jesús, amoroso y misericordioso
has sido conmigo y lo seguirás
siendo.

Mi oración es que yo sea fiel a tí
y nunca me aparte de tu camino.

Sr. te pido perdón por no tener fuerza
de voluntad y atender, mi hogar limpio
y organizado.

Ahorita mi mayor batalla o frustra-
ción es con mi hijo, te pido por favor
que tu lo orientes y le des sueños,
metas de acuerdo a tu voluntad y
riquezas en gloria.

Lo dejo en tus manos y por favor
dame paz, confiando en que tú
lo harás, a tu tiempo y no al mío
dame sabiduría y prudencia, palabras
alentadoras y no de reproche.

Te doy gracias por tu maravillosa
respuesta por favor dame paz y fé

PETICIÓN

*¡Hoy haremos con valentía grandes
y audaces oraciones a Dios!*

MEDITACIÓN DE LA MAÑANA

¿Qué le pedirías a Dios que hiciera en tu vida, o en la vida de otro, si creyeras que Él lo haría? ¿Qué le pedirías a Dios si no tuvieras miedo de arriesgarte a lo imposible? A menudo encuentro que hacemos oraciones seguras porque no queremos decepcionarnos si Dios no responde.

Si estamos solteras y nos gustaría casarnos, quizá temamos pedirle a Dios los deseos de nuestro corazón porque nos da miedo que Él no responda.

Si sufrimos de una enfermedad, una lesión o una dolencia, no nos presentamos ante Dios con valentía porque razonamos: «¿Quién soy yo para que me sane cuando otros siguen sufriendo?».

Si queremos ver la salvación de un ser querido (un hijo, un hermano, un padre), podemos dejar de pedirle a Dios que se ocupe de nuestro ser querido porque no podemos imaginar cómo Él podría responder nuestra oración.

Jesús reprendió a varias personas por tener poca fe. Compruébalo tú misma: Mateo 6:30; 8:26; 14:31; 16:8; 17:20.

No te pierdas los propósitos y planes que Dios tiene para ti porque no ejerces la fe y le pides que intervenga en tu vida diaria. Además, tampoco dejes de experimentar su intervención porque estés demasiado afanada orando fuera de su voluntad.

¿No sabes qué pedir? ¿Necesitas orientación sobre cómo dirigir tus oraciones? Aquí tienes algunas ideas sencillas para ponerte en marcha:

1. Lee la Palabra de Dios para conocer su corazón.
2. Prepárate para hacer lo que su Palabra te dice que hagas.
3. Procura pensar y actuar de manera que honre a Dios y le traiga gloria.
4. Ora, hablando con Dios a menudo, y cree que Él escucha.

Está bien, amiga. Respira hondo. Ahora, ¿qué te atreverías a pedir, para ti o para otra persona, si de veras creyeras que Dios respondería?

Escoge una cosa: la que no pides porque no crees que la mereces, la que, en un millón de años, no crees que puedas tener, la que tengas miedo de no recibir nunca. Y ora por eso. Te lo mereces.

No solo ora por lo que es lógico y posible. Ora mucho por lo imposible. Dios te mostrará que nada, nada, nada es imposible para Él. Jamás. Punto. Fin de la historia.

PUNTO DE PARTIDA PARA TU ORACIÓN

Amado Dios, te pido que me concedas _Anuestra_ .
Ayúdame a creer. Ayuda a mi incredulidad.

todo lo que me has dado

Escribe cada una de tus peticiones *audaces* en tu diario.

REFLEXIÓN DE LA TARDE

Para nosotros, esperar es una pérdida de tiempo.
Para Dios, esperar es obrar.
Louie Giglio, pastor

Sé lo que muchas de ustedes estaban pensando después de la oración de esta mañana. «Pero le he estado pidiendo a Dios que se mueva de una manera en particular, ¡y Él no ha respondido todavía! ¡Ha pasado una eternidad!».

Amiga mía, te hablo como lo hago conmigo misma. Ese pensamiento es real y puede resultar frustrante, pero eso no es lo más importante. Lo importante es si eliges, mientras esperas, seguir confiando en Él, amarlo, creer en Él, esperar en Él, servirlo, honrarlo y glorificarlo cada día que vivas en esta tierra.

¿Serás lo suficiente valiente para pedir y lo suficiente audaz como para esperar y seguir pidiendo, si es necesario? Al final del día, nuestros deseos nunca deberían eclipsar nuestra determinación de enamorarnos más del Hombre que dio su vida por nosotros. Si te cansas de esperar, recuerda esto: Él siempre es tu respuesta. Cualquier otro deseo que tengas solo debe apuntar hacia Él. Ora con valentía y sin miedo, pero disfruta de la sala de espera, porque te das más tiempo para centrarte en tu relación con Él.

Estamos en la segunda mitad del día. La Palabra dice que en este mundo tendrás aflicciones (Juan 16:33). Apuesto a que a esta hora del día, ¡alguien está descubriendo que eso es verdad! Sin embargo, también vemos que David, un hombre conforme al corazón de Dios, no solo tuvo aflicciones, sino que le llevó sus problemas al Señor en oración.

> Llevé mis problemas al Señor;
> clamé a él, y respondió a mi oración.
> *Salmo 120:1, NTV*

Dedica un momento para contarle a Dios sobre tu día. ¿Conoces a otra persona que lo esté pasando mal? Habla con Dios sobre ella también. Dios ha estado observando. Es omnisciente, ¿recuerdas? Aun así, Él no solo quiere saber sobre tu día o el día de alguien que te importa. Quiere participar en tu día mientras le cuentas tus altibajos a Él. Quiere que intervengas en la vida de otra persona porque te tomaste el tiempo para preocuparte en la oración. Así que haz una pausa ahora mismo y conversa un poco con Él.

PUNTO DE PARTIDA PARA TU ORACIÓN

Querido Dios, ¿podemos hablar? Hoy / esta semana / este mes / este año ha sido muy difícil para mí, o para mi familia, o amiga porque _____.

INSPIRACIÓN DE LA NOCHE

¿Has orado tanto por esto como has hablado de esto?

Hablamos de lo que está mal, de lo que queremos o de lo que desearíamos poder cambiar. Aun así, la pregunta es: ¿oramos tanto como hablamos de esto? ¡Llamaremos a una amiga en un segundo, le comentaremos nuestra opinión en Facebook o hasta nos lamentaremos con nosotras mismas! Sin embargo, ¿tenemos la costumbre de llevarle todo a Dios en oración? Hoy, y durante el resto de la semana, haz un esfuerzo concertado para hablar con Dios más de lo que hablas con otros sobre lo que te preocupa. Desafíate a pasar más tiempo en su Palabra que en las redes sociales. Decídete a practicar de manera externa e interna solo lo que Dios dice sobre un asunto (en lugar de la forma en que te sientes al respecto).Y míralo cambiar cómo ves tu vida y cómo ves el mundo.

A medida que te acerques al final del día, deja las cosas a las que te aferras con tanta fuerza que te lastiman. Si te cuesta trabajo hacerle peticiones a Dios y, luego, las dejas ahí, está bien.Tu capacidad para liberar tus preocupaciones depende de la profundidad de tu relación con Él. Hasta entonces, escribe tus problemas que amenazan con transformarse en preocupaciones. Sigue escribiéndolas hasta que dejen de entorpecerte la mente y el corazón.

Acuéstate esta noche sabiendo que hiciste tu parte al dar a conocer tu petición. Ahora, confía en que Dios hará la suya.

Y cuando le ofrezcas tus oraciones a Dios en un lugar tranquilo, donde solo estén ustedes dos, no tengas miedo de orar esas grandes y atrevidas oraciones.

Mi oración

RENDICIÓN

Hoy nos rendiremos a Dios a través
de la obediencia.

MEDITACIÓN DE LA MAÑANA

Si esto te impide acercarte más a Dios, debe irse.

Esta mañana tu desafío de oración es para MESH: mantén esto sencillo, hermana. No lo pienses demasiado. ¿Qué quiere Dios de ti hoy?
No te agobies con lo que Él quiere de ti por el resto de tu vida. Concéntrate en lo que Él quiere de ti hoy. ¿Qué elegirás para entregarte
a Él porque lo amas?

La oración es importante. En cambio, si te avergüenzas un poco
cuando leas esto, ¡bien! ¡Él te está hablando! La pregunta es si responderás a su voz. Puedes decir que quieres que Dios hable, ¿pero
escuchas su voz o actúas según lo que dice Él? Eso es todo, amiga
mía. Así es que creces en tu confianza para escucharle. Sientes una
agitación en tu corazón, o un susurro en tu alma, y *obedeces*. La próxima vez que obedezcas, reconocerás su voz y sabrás que Él es quien
habla. ¿Quieres oír a Dios hablar en tu vida cada vez más? Bueno,
¡eso es todo! Hoy es tu día. Ríndete. Obedece. Entrégate.

Querido Dios, te escucho diciéndome _____. *Siento que me*
pides que me rinda / me entregue / te obedezca en el aspecto de _____.
Hoy elijo obedecer.

¿Qué harás como acto de obediencia hoy? Dios está escuchando
con atención tu respuesta.

Prov. 3:6

REFLEXIÓN DE LA TARDE

Algunas veces, mi amada, debes dejar de intentarlo,
dejar de pensar, dejar de luchar y solo obedecer.

Muy bien, hermosa, estás a la mitad del día. ¿Has obedecido? ¿Te has rendido? ¿De qué manera has estado dispuesta a entregarte a tu Padre celestial?

Tal vez tu obediencia a Dios hoy sea tan sencillo como iniciar una conversación con una colega o una compañera de estudios a la que parece que le vendría bien una amiga.

O tal vez sea más difícil. Quizá Dios te pidiera que te acerques con amor a ese miembro de la familia que siempre parece agotarte la paciencia. ¿Tomarás el teléfono y le llamarás?

Dile que sí a Dios.

Tal vez este día la obediencia signifique que le digas no a la tarta de chocolate después de la cena. O a cruzar un límite sexual que tú y Dios acordaron. O a que le digas no a levantarle la voz o la mano a un hijo que tal parece que no puede arreglárselas por sí solo. O tal vez tu obediencia signifique que no te unirás en silencio con amigas en sus chismes sobre una conocida.

El Espíritu de Dios te da el poder para decirle no al pecado.

Esta es la cuestión: ¡no tienes que hacer todas las cosas a la vez! Si bien Dios quiere tu obediencia, también sabe que llegar a ser más semejante a Él requiere tiempo. En cambio, aumenta tus posibilidades de éxito enfocándote en un aspecto en el que Dios te pide que te rindas. Decide dónde enfocarás tus esfuerzos para obedecer. ¿Sabes cuáles deben ser tus próximos pasos de obediencia? Si es así, ¡te felicito! Si no es así, pídele a Dios que te muestre cómo puedes servirle mejor a través de tu gustosa entrega a su voluntad.

1 Jn 5:14

PUNTO DE PARTIDA PARA TU ORACIÓN

Señor, haz lo que quieras en mí. No solo quiero decirte que te amo. Quiero demostrártelo.

INSPIRACIÓN DE LA NOCHE

Permite que Dios dirija tus pasos.
Lee Proverbios 3:6

Sé que podrías estar pensando: «¡No hay forma de que pueda hacer esto todos los días!» Quizá Dios te pidiera que te callaras. Quizá Dios te pidiera que fueras fiel y diligente en las tareas que debes hacer en tu hogar o en tu trabajo. Tal vez Dios te dijera que no le hicieras llamadas ni le enviaras mensajes de texto o correos electrónicos a ese hombre, ni que lo «acecharas» en las redes sociales. Quizá Dios te pidiera que bebieras más agua, comieras menos azúcar o que evitaras la línea de comida rápida. Quizá te pidiera que le sonrieras a tu esposo cuando lo que deseabas de veras era fruncirle el ceño. Tal vez te pidiera que escribieras quinientas palabras, que hicieras una llamada telefónica o que llenaras esa solicitud. Tal vez te pidiera que pagaras una factura, cortaras una tarjeta de crédito o regalaras algunos artículos de tu clóset. Oh, mi dulce amiga que quieres de veras hacer feliz a Jesús, ¡todo lo que te pide es que obedezcas *hoy!* Confía en que Él es lo suficientemente bueno como para renovar tus fuerzas para el día de mañana. Solo mantén tus ojos en Él al terminar este día, y trata de complacerlo todos los días a partir de ahora.

La fe en Dios lo cambia todo.

¿La fe en Dios lo cambia todo? ¿Te cambia a ti? Dedica un momento para reflexionar sobre tu día y decidir si tu fe cambió la forma en que actuabas. ¿Te entregaste? Cuéntale cómo luchaste. Dale gracias por donde fuiste una vencedora. Pídele su gracia para otro día.

¿Qué tal si crees que no tienes nada que entregar? ¿Qué tal si estás tan herida, tan deprimida, tan sola, tan desanimada, tan desbastada, tan confundida, tan cansada y tan vacía que crees que no tienes nada que dar? ¿Sabes qué? Cualesquiera partes que sean las que tengas, Él te pide que se las ofrezcas hoy también. Él es el Maestro Constructor que sabe con exactitud qué hacer con las partes de nuestra vida que creemos que pueden pasar inadvertidas, sin uso o no amadas.

Porque todo lo que es nacido de Dios vence al mundo;
y esta es la victoria que ha vencido al mundo: nuestra fe.

1 Juan 5:4, LBLA

Mi oración

FAMILIA Y AMISTADES

*Hoy vamos a centrarnos en las necesidades
de otros al orar por las amistades.*

MEDITACIÓN DE LA MAÑANA   1 Jn 4:21

En este punto de nuestro viaje, espero que te animaras a orar y a que
lo hagas con frecuencia. También espero que seas fiel y sincera en
tu comunicación con Dios, expresándote de forma voluntaria desde
tu corazón. Mi oración es para que decidas creer que el tiempo que
pasas con Dios en oración es importante.

Es así.

Hasta ahora, este libro puede ser el recordatorio que necesitas
para comunicarte con Dios. O tal vez te muevas a regañadientes
fuera de un lugar de desconfianza.

De cualquier manera, estás orando. Y tal vez orando un poco más
que la semana pasada.

Eso es bueno.

Hoy quitaremos nuestros ojos de nosotras mismas y oraremos
por nuestras amistades.

En este preciso momento, enseguida, en este instante antes de
que tu día esté ocupado y lleno de todas las cosas que tienes que hacer, envíale un mensaje de texto a una amiga para preguntarle cómo
puedes orar por ella.

Entonces, ¡ora por ella!

Si eso te deja con una afectuosa sensación, envíales un mensaje
de texto a algunas personas más. No olvides orar. Si de veras quieres

bendecir a alguien, envíale un mensaje de texto con tu oración por esa persona.

REFLEXIÓN DE LA TARDE

Hoy oro por cada amiga que vive
secretamente en el dolor.

A veces, sabemos exactamente con qué lidian nuestras amigas. Nos llaman para informarnos sobre un día espantoso y nada bueno, muy malo. O nos envían un mensaje de texto diciendo que acaban de ganar cien dólares en un concurso en el trabajo. O pasan por nuestra casa después que los niños están en la cama para llorar en nuestro hombro.

Sin embargo, a veces no sabemos qué les sucede a nuestras amigas. Quizá se sientan demasiado avergonzadas para decírnoslo. Tal vez aún no tengan las palabras para expresar lo que les sucede en su interior. Tal vez tengan miedo de que las juzguemos. O a lo mejor solo se sientan estancadas y no pueden pronunciar las palabras.

Hoy, ora por las necesidades que quizá ni siquiera conozcas.

Señor, ayúdame a ver lo que tú ves en el corazón y la vida de mis amigas. Continúa animándome, a fin de avivar mi corazón para orar por esas amistades que necesitan de veras la oración.

Dame un alto nivel de sensibilidad hacia las que sufren y que necesitan un toque de ti.

Moriste por mí, Jesús. Y moriste por ellas. Ayúdame a no olvidar nunca amar a los demás como tú me amas a mí.

INSPIRACIÓN DE LA NOCHE

Recuerda que puedes orar en cualquier momento y lugar.
Cuando lavas los platos, cavas zanjas, trabajas en la oficina, en la tienda, en el campo de deportes, incluso en la cárcel, ¡puedes orar y saber que Dios escucha!
Billy Graham, evangelista

¿Tienes alguna amistad que te preocupa? Ora por ella ahora mismo. No importa dónde estés.

Dios nunca está ciego a tus lágrimas, nunca está sordo a tus oraciones y nunca guarda silencio ante tus dolores. Cuando levantas a tus amistades delante de Dios, Él ve, escucha y las librará.

Dondequiera que estés, en este mismo instante, Dios ve a tu amiga y le importa.

Tómate un segundo para decirle que aprecias que tenga a tu amiga en su tierno abrazo.

Luego, si tienes unos minutos, habla con Él sobre lo que te preocupa de esta amiga. Solo invítalo a esas preocupaciones y sentimientos. Él ya lo sabe. Él es el único que sabe qué hacer.

PUNTO DE PARTIDA PARA TU ORACIÓN

Querido Dios, sé que ves a mi amiga y me ves a mí. No puedo arreglarlo, pero te invito a participar en esto conmigo.

Amada, tus oraciones son importantes.

Y una de las mejores cosas que puedes decirle a una amiga es: «Estoy orando por ti».

Si no puedes sacar a alguien de tu mente, ora por esa persona.
Puede que seas la única que se preocupe lo suficiente como
para hacerlo.

¿Has tenido a alguna persona en tu mente? ¿Has pensado en ella o incluso has orado por ella? ¿Por qué no lo haces a la antigua y levantas el teléfono, y la llamas para que escuche tu voz? Dile que te preocupas por ella, que has estado pensando en ella, y que hoy le has susurrado su nombre a Jesús.

Mi oración

DESAFÍOS DEL SÁBADO

Hoy oraremos por las necesidades de nuestra comunidad.

Hoy irás a trabajar, harás recados, llevarás a tus hijos a las actividades extracurriculares, harás la compra, limpiarás tu casa, pagarás algunas facturas, irás al salón de belleza, asistirás a una clase de Zumba, limpiarás tu bolso, llenarás tu auto con gasolina, pedirás una pizza, llenarás tus recipientes de agua filtrada, te reunirás con amigas para cenar, estudiarás para un examen, llevarás a tus hijos universitarios de regreso a la escuela y muchas otras cosas. Mientras haces todo esto, piensa con quién entras en contacto y cómo puedes orar por ellos.

MEDITACIÓN DE LA MAÑANA

La semana pasada oramos por nuestros vecinos que viven cerca de nosotros. Esta semana, ampliaremos nuestras oraciones por los demás al orar por las personas de nuestra comunidad.

Piensa en dónde vives, trabajas y juegas. Piensa en tu comunidad, en esos que lideran, trabajan y viven en ella.

1. Ora por los líderes de tu comunidad.

¿Quiénes son los que toman las decisiones en el lugar donde vives? Necesitan tus oraciones. Ora por el alcalde, el concejo municipal, la junta escolar, el superintendente y los directores. Ora por los que gobiernan.

También, ora por los que trabajan como servidores que ayudan a que prospere tu comunidad. Ora por la bibliotecaria que es tan útil cuando sacas libros para tus hijos. Ora por servidores como policías, bomberos y técnicos de emergencias médicas que ayudan a los necesitados. Ora por los trabajadores de la ciudad que arreglan las carreteras, recogen la basura y embellecen los parques. Ora por todos los que sirven.

2. Ora por tus escuelas.

Ora por los directores de las escuelas cercanas a ti. Ora por los maestros que se vuelcan en el corazón y la mente de los niños. Ora por los consejeros, enfermeras, trabajadores de la cafetería y otros miembros del personal. Ora por los líderes de tu asociación de padres y maestros, y otros padres que sirven en el aula. ¡Ora por los niños! Pídele a Dios que te guíe mientras oras por el corazón, la mente y el cuerpo de los niños en las escuelas cercanas.

Debido a que la educación se ve diferente para varias familias en tu comunidad, recuerda orar por las escuelas públicas, las escuelas privadas, otras escuelas como las autónomas y las familias que educan en casa.

3. Ora por los que trabajan en tu comunidad.

Ora por las personas cuyas vidas se cruzan con la tuya debido a que trabajan en tu comunidad. Ora por la joven que escanea tus compras en el supermercado. Ora por la ayuda de la enfermera que baña a tu abuelo en un hogar de ancianos. Ora por el mecánico que le cambia el aceite a tu automóvil. Ora por el estudiante del instituto que te da palomitas de maíz en el cine.

4. Ora por los que sirven en tu comunidad.

Ora por las organizaciones que sirven para satisfacer las necesidades de tu comunidad. Ora por los que sirven en el banco de alimentos que les provee a los necesitados. Ora por quienes trabajan y son voluntarios en el refugio para personas sin hogar. Ora por programas que apoyan a los niños a través de la recreación, la educación y la tutoría.

5. Ora por las personas vulnerables de tu comunidad.
   Ora por esos en tu comunidad que enfrentan desafíos. Ora por los padres o abuelos que crían solos a los hijos. Ora por los que están desempleados. Ora por los que necesitan hogares seguros. Ora por los que luchan por alimentar a sus familias.

Ora por todos los de tu comunidad.
Recuerda esto: tus oraciones tienen poder.
Durante todo el día, busca personas por las que puedas orar. Ama a tu comunidad orando por tu comunidad. ¿En quién más te fijas además de los que están en la lista anterior?

PUNTO DE PARTIDA PARA TU ORACIÓN

Querido Dios, vivo / trabajo / juego aquí en
_____. Bendice / ayuda / alcanza /
protege a _____.

Si deseas hacer más, piensa en realizar una caminata de oración en los terrenos del área que necesitan tus oraciones. Camina por tu vecindario y ora por tus vecinos. Camina por la pista en tu escuela, y ora por los estudiantes y maestros. Cuando pases por el ayuntamiento hoy, estaciona y ora por el alcalde. Recuerda, tus oraciones son importantes.

REFLEXIÓN DE LA TARDE

Porque no nos ha dado Dios espíritu de cobardía,
sino de poder, de amor y de dominio propio.
2 Timoteo 1:7, LBLA

Vamos, di la verdad. ¿Te resulta extraño pensar en salir de tu auto en el ayuntamiento, pararte ahí y cerrar los ojos mientras oras por los que toman decisiones? ¿Te pone un poco nerviosa pensar en hacer una caminata de oración por tu vecindario, en especial si hablas en voz alta con Dios?

Es sábado. Es probable que sea el día principal de la semana en el que estás fuera de casa. ¿Qué es lo que ves? Y cuando lo veas, desde tu asiento junto al campo de fútbol, o en un banco en el parque o en el estacionamiento del centro comercial, ¿cómo responderás?

¿Qué tal si haces algo en realidad? ¿Alguna vez decidiste reunir a un grupo de mamás de tu escuela para orar por los maestros y los administradores? O a lo mejor pasas por la estación de bomberos todos los días y nunca les has dado las gracias a los bomberos, y mucho menos oraste por ellos.

Amiga mía, Dios no te ha dado un espíritu de cobardía. Piensa en lo audaces que pueden ser tus oraciones y tu servicio cuando no tienes miedo de lo que piensen las personas ni de cómo podrían reaccionar ante tus expresiones de apoyo y amor llenas de fe. Solo un pensamiento.

Mira a tu alrededor. No deberíamos ser personas que se pasen la vida en los bancos. Debemos ser personas que entreguemos nuestro corazón en oración, que dediquemos nuestro tiempo al servicio y generemos un impacto en los lugares donde vivimos, trabajamos y jugamos. La oración es importante.

Así que haz un alto. Mira a tu alrededor. ¿Dónde estás? ¿Por quién puedes orar que tenga un impacto en la forma en que tu comunidad vive, trabaja, juega y funciona?

Y aquí tienes un recordatorio rápido: Dios te ama. Él me ama. Y ama al mundo en el que vivimos.

INSPIRACIÓN DE LA NOCHE

Medita en él de día y de noche.
Josué 1:8

¿Tuviste un momento para pensar y orar por tu comunidad hoy? Eso espero. Si no lo has hecho, no es demasiado tarde. Solo pídele a Dios que te muestre por quién orar, y Él lo hará.

Una forma de hacerlo es revisar mentalmente tu día. Cierra los ojos y repite tu día, desde que te despiertas, hasta que sales por la puerta, pasando por los eventos de tu día, hasta que te fijas en las personas que encontraste y, por último, terminas en este momento sosteniendo este libro. ¿Quién, además de tu familia y vecinos cercanos, se cruzó en tu camino? Ora por cada una de las personas que encontraste en el ritmo de tu día.

¿Y adivina qué? Mañana es domingo, el día tradicional que reservamos para centrarnos en Dios y adorarlo junto a otras personas. Antes de que te quedes dormida esta noche, prepara tu corazón para adorar a Dios. Dedica un momento para pensar en Él y meditar en su Palabra. Si necesitas una idea de qué leer, solo abre la Biblia en tu teléfono (la aplicación YouVersion es excelente para esto) y lee el Salmo 121 en la versión Nueva Traducción Viviente. Es un gran salmo para orar mientras te preparas para retirarte por la noche. Te veré mañana.

Mi oración

_____
_____
_____
_____
_____
_____
_____
_____
_____
_____
_____
_____
_____
_____
_____
_____
_____
_____
_____
_____
_____
_____

ORACIONES DEL DÍA DE DESCANSO

*Hoy vamos a apoyar al cuerpo de Cristo
al orar por nuestra iglesia.*

MEDITACIÓN DE LA MAÑANA   *Mat 5:14-16*

De mañana al despertar, dame a Cristo.

¿Qué le sucede al mundo si nuestras iglesias no operan como se supone que deben hacerlo? ¿Qué sucede si no cumplimos el papel que nos asignó Dios? Lenta, pero de manera constante, se reducirá la influencia de Dios en nuestra cultura, dejando un mundo desprovisto de su poder y protección.

La semana pasada oramos por nuestros pastores, y hoy oraremos por otros líderes y siervos de nuestras iglesias. Si bien es cierto que podemos tener un impacto en nuestras comunidades como individuos, tenemos el llamado a unirnos en forma colectiva para ser la luz del mundo. Hoy oremos por todos los que dirigen y sirven en la iglesia (Mateo 5:14-16).

1. Ora por los que lideran (1 Tesalonicenses 5:25)

   Pídele a Dios que los líderes de tu iglesia sean un ejemplo de compromiso con las Escrituras y con el cuidado de los que están fuera de las paredes del santuario. Pídele a Dios que te traiga a la mente los rostros de los líderes y ora por cada uno cuando pienses en ellos.

2. Ora por los que sirven (Juan 12:26)

Pídele a Dios que recuerdes a los que sirven en tu iglesia. Ora por las personas que dan la bienvenida y los ujieres que sirven los domingos por la mañana. Ora por los que trabajan con niños y jóvenes. Ora por los equipos ministeriales que influyen en tu comunidad. ¡Ora por los que sirven en la cocina y los que limpian los baños! Si bien puedes orar por grupos de personas que sirven, te animo a que pienses en los individuos que sirven en tu iglesia. Ora de la manera más específica posible.

¿De qué otra forma puedes orar por tu iglesia, las iglesias de tu comunidad y los líderes de tu iglesia? ¿Qué pasaría si fueras parte de un grupo de personas que oran para que la iglesia de Dios sea la iglesia que Él quiere que sea? Si no conoces un grupo como este en tu congregación, considera crear uno si Dios lo pone en tu corazón.

Permítete sentir la tristeza del corazón de Dios por su iglesia en el mundo de hoy. Habla con Él sobre lo que quiere de su iglesia, y pídele que se mueva en el corazón de su pueblo para buscar su rostro e influir en el mundo para su gloria (2 Crónicas 7:14). No olvides que tus oraciones son importantes.

PUNTO DE PARTIDA PARA TU ORACIÓN

Dios, te ruego por tu iglesia. Ayúdanos a _____.

REFLEXIÓN DE LA TARDE

Nunca cambiaremos el mundo yendo a la iglesia.
Cambiaremos el mundo solo siendo la iglesia.

¿Ya lo has hecho? ¿Has orado por tu iglesia? Si no, ¡ahora es un buen momento!

¿Qué significa ser la iglesia? Sabemos lo que significa ir a la iglesia, pero ser la iglesia es algo diferente por completo.

En la carta del apóstol Pablo a los creyentes de Corinto, una iglesia llena de personas que tal vez se parezcan mucho a las de tu iglesia, exhorta: «Ahora bien, ustedes son el cuerpo de Cristo, y cada uno es miembro de ese cuerpo» (1 Corintios 12:27). Quiere que los seguidores de Jesús escuchen que cada uno representa un papel fundamental. Sin los dones que posee cada persona (ojos que ven, oídos que escuchan, brazos que sirven), el cuerpo no funciona bien. Para que la iglesia sea iglesia, debemos participar todos.

Evalúa tus pensamientos sobre lo que significa ser la iglesia. Si te das cuenta de que hay una brecha entre lo que crees y lo que haces, pídele a Dios que te ayude a parecerte a su iglesia en tu día a día al entrar en una nueva semana.

La oración nunca será excesiva.

C.H. Spurgeon, predicador

INSPIRACIÓN DE LA NOCHE

Esta noche, ora para que Dios continúe purificando y fortaleciendo la iglesia.

1. Ora por un compromiso valiente (1 Reyes 8:61)

   Ora para que tu iglesia y las iglesias de tu comunidad se comprometan valientemente con la Palabra de Dios y, al mismo tiempo, sean compasivas con las personas que necesitan el amor salvador de Jesucristo. Ora para que el pueblo de Dios tenga hambre de la verdad de Dios, tanto de manera personal como corporativa, y que también tenga corazones desbordados de preocupación por quienes no la conocen.

2. Ora por la unidad (1 Corintios 1:10)

Ora para que los líderes de la iglesia estén de acuerdo en guiar a los demás a mirar hacia el trono. La voluntad de Dios es que vivamos y trabajemos juntos por su reino en unidad.

3. Ora por la justicia (Mateo 6:33)

Ora para que la gente de tu iglesia y de las iglesias de tu comunidad valore la santidad. Ora para que valoren los corazones, los hogares y los hábitos que agradan a Dios, y estén dispuestos a arrepentirse, tanto en lo personal como en lo corporativo, por lo que le ofende.

Pídele a Dios que obre en tu iglesia y en las personas que te rodean, a fin de que podamos *ser* el cuerpo de Cristo en el mundo de hoy.

¿Pudiste acercarte más al Señor esta semana? ¿O fue una semana en la que tus planes, actividades y responsabilidades te dejaron poco tiempo para crecer en tu relación con Él?

Esta noche tienes la oportunidad de fijar el rumbo de la semana que viene. ¿Qué harás diferente la próxima semana a esta? ¿Cómo harás espacio en tu vida para pasar un tiempo precioso a los pies de Jesús?

Aquí tienes una revisión del corazón: ¿hay algo en tu vida, algún deseo, sueño o incluso decepción, que consuma tus pensamientos y acciones más que Él?

Está bien que seas sincera. Está bien que hables con Dios esta noche y le digas que no ha sido el primero en tu vida, pero que tú quieres que lo sea. No es demasiado pronto para pedirle a Jesús que invada tu semana. Pídele que te dé hambre y sed de Él, y que te dé un corazón comprometido a ponerlo a Él primero y vivir la semana enfocada en traerle gloria. No es demasiado temprano para decir la oración de esta canción: «De mañana al despertar [...] Dame a Cristo. Dame a Cristo. Nada más deseo yo. Dame a Cristo».

¿Quieres un poco más de inspiración? Busca en Google «Give Me Jesus Jeremy Camp Godtube» y mira el vídeo. Bendecirá tu vida.

FINAL DE LA SEGUNDA SEMANA

Reflexión

Se dice que nuestras oraciones no siempre cambian nuestras circunstancias, pero sí nos cambian a nosotras. Al recordar la semana pasada, es posible que notaras que no ha cambiado mucho esa relación difícil, esa gran decisión o la prueba tan difícil que afrontas. Es probable que te sientas un poco desanimada por el hecho de que las cosas por las que has orado no parecen que hayan mejorado. Sin embargo, tal vez te perdieras lo que es diferente desde que comenzaste este viaje.

Santiago, el hermano menor de Jesús, dijo una vez: «Acérquense a Dios, y él se acercará a ustedes» (Santiago 4:8). Piensa en lo que experimentaste la semana pasada mientras buscabas acercarte al Señor. Aunque nada haya cambiado por fuera, piensa en lo que has notado por dentro. ¿Has visto al Señor acercarse más a medida que te acercas a Él con más regularidad?

Dedica un minuto para reflexionar sobre tu aspecto. ¿Cuál es tu postura interior hacia las personas y situaciones a las que te enfrentas? ¿Te has sentido con más compasión por esa persona que casi siempre te vuelve un poco loca? ¿Has estado más en paz a pesar de todo el caos en tu vida? ¿Has sentido la mano invisible de Dios sosteniendo la tuya mientras te enfrentabas a tus temores?

Toma una hoja de papel y escribe algunas de las victorias que hayas visto. Aunque no tengan la forma de oraciones que se responden como tú deseas, son igual de importantes. Escribe algunos cambios que hayas visto en tu mundo interior. ¿Qué cambios has notado en tus actitudes desde que hiciste de la oración una prioridad? Utiliza tus descubrimientos para animarte cuando sientas que no recibes las respuestas que deseas tan rápido como te gustaría.

Mientras nos preparamos para comenzar una nueva semana, hazte las siguientes preguntas:

- ¿Qué cambios he visto que se relacionan más con mi vida interior que con mis circunstancias externas?
- ¿Cómo mis oraciones han cambiado mi forma de pensar? ¿Cómo han cambiado la manera en que me siento o en que respondo a los demás?

- ¿Qué puedo hacer para crecer en la constancia de mi tiempo de oración? ¿Necesito algunos recordatorios o responsabilidades adicionales?
- ¿Qué he aprendido sobre el carácter de Dios esta semana? ¿Qué me ha enseñado sobre mí? ¿Qué me ha enseñado acerca de los demás?
- ¿Cómo puedo seguir creciendo en la confianza en el Señor sin importar cómo Él responda mis oraciones?

Tercera semana

ALABANZA Y ACCIÓN DE GRACIAS

Hoy alabaremos a Dios y le daremos gracias por las relaciones en nuestra vida.

MEDITACIÓN DE LA MAÑANA

La gratitud puede transformar los días comunes en acciones de gracias, convertir los trabajos rutinarios en alegría y cambiar las oportunidades ordinarias en bendiciones.
William Arthur Ward, escritor

Es el día 15 de nuestro viaje de oración. ¿Sigues conmigo? Si te has rendido, no hay problema, ¡levántate y vuelve con el programa!

En el primer día de este viaje de oración, le dimos gracias a Dios por sus bendiciones espirituales. Y la semana pasada le dimos gracias a Dios por las bendiciones que hemos recibido. Hoy, le agradeceremos a Dios por las bendiciones sociales que disfrutamos, las relaciones en nuestra vida.

Esta mañana, dale gracias a Dios por tu familia. Piensa sobre todo en los adultos que te formaron en la niñez. Si bien esta parece ser la oración más fácil, obvia y evidente del viaje, para muchos es una oración difícil de hacer. Eso se debe a que todos venimos de familias que las han impactado el poder del pecado y la muerte. Nadie tuvo una madre perfecta. Nadie tuvo un padre perfecto. (Bueno...

Jesús...). Por ejemplo, yo vengo de una familia muy fuerte y saludable, ¡pero por supuesto que no somos perfectos! Luchamos. Pecamos. Fallamos. Y en medio de nuestro quebrantamiento, Dios sigue siendo Dios. Y Dios está obrando en cada una de nuestras vidas.

Quiero invitarte a ofrecer hoy una doble oración de gratitud por tu familia.

Primero, dale gracias a Dios por los regalos que recibiste de tu familia. Quizá tu papá te cantaba canciones de cuna por la noche. A lo mejor tu abuela te enseñó a orar. Tal vez tuviste un hermano mayor que te protegía. Es posible que tu mamá se asegurara de que tuvieras un almuerzo saludable todos los días. Agradécele a Dios por la bondad que recibiste de tu familia.

En segundo lugar, dale gracias a Dios por los desafíos que enfrentaste en tu familia. (¡¿Dar qué?!). Lo sé, ¿verdad? ¡Es contradictorio! Sin embargo, dedica un momento para fijarte en los desafíos que afrontaste en tu hogar mientras crecías y, luego, dale gracias a Dios por estar presente contigo en cada momento. Si adviertes fuertes sentimientos de tristeza, miedo o enojo, ofréceselos a Dios y anótalos en tu diario de oración, a fin de que puedas continuar procesándolos. (Si te sientes abrumada, busca ayuda de un pastor o consejero).

Amada, Dios ha estado obrando en tu vida desde tu nacimiento a través de tu familia. Dale gracias por las cosas buenas y libérate de lo que fue difícil.

REFLEXIÓN DE LA TARDE

¡La oración de la tarde es divertida hoy!

Esta tarde puedes darle gracias a Dios por el buen regalo de las relaciones que te ha dado con personas ajenas a tu familia.

- Dale gracias a Dios por esa mejor amiga que tuviste cuando tenías diez años.
- Dale gracias a Dios por la amiga que te ayudó a terminar el instituto.

- Si asististe a la universidad, ¡dale gracias a Dios por tu compañera de cuarto de primer año!
- Dale gracias a Dios por esa amiga leal con la que sabes que puedes contar cuando la vida se pone difícil.
- Dale gracias a Dios por la empleada en el trabajo que hace que tus días sean más brillantes.
- Dale gracias a Dios por la camarera de la cafetería *Starbucks* que te sirve en tu auto y te ayuda todas las mañanas.

Diviértete de veras con esta oración de esta tarde. Deja que el Espíritu te recuerde a esa chica con la que compartiste una litera en el campamento de verano hace veinte años o a la cuñada con la que fuiste de campamento el fin de semana pasado. Dale gracias a Dios por las amigas, compañeras y colegas en tu vida.

INSPIRACIÓN DE LA NOCHE

¿Cómo avanzas en tu lista de agradecimientos? ¿La olvidaste? Toma tu diario y busca una hoja de papel, ¡rápido! Empieza una nueva nota en tu teléfono, o si todo lo demás falla, escribe en la palma de tu mano una o dos cosas por las que estés agradecida. Los lunes se tratan de darle gracias a Dios por lo que ha hecho y por quién es. Tu tarea es realizar un recorrido por tu día buscando lo que fue bueno, adecuado y mejor de lo que podría haber sido de otra manera. Elige el gozo. Haz una pausa ahora mismo para agradecerle a Dios por algo, cualquier cosa, porque cuando lo hagas, tu elección te cambiará.

Esta noche, te invito a orar por las personas en tu vida que han moldeado a la persona que eres hoy. Para esta oración, te invito a que viajes mentalmente a través de tu vida y te fijes en las personas que influyeron en tu vida para siempre.

- Si tu nacimiento fue difícil, dale gracias a Dios por el médico en esa sala de partos.

- Si asististe a la Escuela Bíblica de Vacaciones, dale gracias a Dios por el aporte que hicieron los adultos en tu espíritu.
- Si prosperaste como niña exploradora, dale gracias a Dios por tu líder de tropa.
- Si tuviste un abuelo u otro adulto que fue un apoyo para ti durante una infancia difícil, dale gracias a Dios por esa persona.
- Si asististe al grupo de jóvenes, dale gracias a Dios por los que se preocuparon por ti.
- Si hay una persona en particular que te llevó a Cristo, dale gracias a Dios por esa persona.
- Si hubo una maestra o un entrenador que afirmó tu potencial, dale gracias a Dios por esa persona.
- Si hubo un mentor que invirtió tiempo, energía y amor en tu vida, dale gracias a Dios por esa persona.
- Si hubo un jefe o un colega que te ayudó a pasar al siguiente nivel, dale gracias a Dios por esa persona.

Recorre en oración cada año de tu vida, pidiéndole a Dios que te muestre las personas que te formaron para que seas la mujer que eres hoy. Dale gracias a Dios por cada una.

Mi oración

DÍA 16 • *Martes*

ARREPENTIMIENTO

*Hoy recordaremos la fidelidad de Dios
cuando nos arrepentimos.*

MEDITACIÓN DE LA MAÑANA   Sal 69:5

¿Recuerdas cuando eras niña que les trataba de ocultar tu pecado o error a tus padres? Si robaste un chicle en un supermercado, es posible que te escabulleras al garaje para masticarlo en secreto. Si rompiste un florero, tal vez escondieras los pedazos en el bote de la basura. Cuando nos sentimos culpables o avergonzadas, nuestro impulso es escondernos.

Si eso te parece conocido es porque… Adán y Eva, después de su pecado, ¡se escondieron de Dios en el jardín! Y ya sabemos un poco cómo resultó eso: Dios los encontró. Su pecado no estaba oculto.

Incluso de adultos, podríamos pensar que estamos engañando a Dios. Si sacamos nuestro pecado de nuestra mente y nos negamos a confesárselo a Dios, podríamos creer que, como masticar chicle en el garaje, nuestro pecado no se descubrirá.

Ves hacia dónde se dirige esto, ¿cierto? Ya sea que evites tu pecado o no, Dios ve. Dios escucha. Dios sabe.

> Oh Dios, tú sabes lo insensato que he sido;
> no te puedo esconder mis transgresiones.
>
> *Salmo 69:5*

No finjas con Dios. Él ya lo sabe. Solo sé sincera acerca de dónde estás luchando. Descansa en su amor. Aprende a caminar en su fuerza.

Sal. 103:12

PUNTO DE PARTIDA PARA TU ORACIÓN

Querido Dios, sé que este pecado, _____, no está oculto para ti. Perdóname.

Si ya conoces a Dios, es probable que no me haga falta convencerte de que Él perdona tu pecado la primera vez que lo confiesas. Ese es el estándar procedimiento operativo, ¿verdad? Lo que quiero que escuches es esto: cuando le confiesas tu pecado a Dios, Él siempre es fiel para perdonarte. Siempre. Eso significa que Dios perdona la segunda vez. Y la séptima vez. Y la septuagésima séptima vez.

Amada, Dios siempre es fiel.

REFLEXIÓN DE LA TARDE

¿Sabías que el arrepentimiento no es una mala palabra? Claro, es la parte de la oración que a muchas de nosotras no nos gusta porque dirige la atención hacia la parte de nuestras almas que quizá no queramos ver. Muchas de nosotras no lo hacemos. No pedimos. Ni pedimos de una manera específica. Queremos evitar nuestras luchas: lo que pensamos en la vida, las palabras dichas con demasiada rapidez, las acciones realizadas en la oscuridad. Una parte de nosotras sabe que todo se mueve en el centro del escenario cuando invitamos a Dios a que apunte un rayo de luz en su dirección.

Sin embargo, esa cosa incómoda es solo el primer paso en un proceso que nos lleva de regreso a Dios.

La convicción de pecado es la forma en que Dios te invita a restaurar la comunión con Él.

Estar convencida de nuestro pecado y confesárselo a Dios es el primer paso para regresar a Él. El arrepentimiento es un billete que nos permite entrar (o volver a entrar) a un nivel más profundo de intimidad con nuestro Padre celestial. Tu capacidad y la oportunidad constante de arrepentirte es un regalo. Usa el regalo, amiga. No lo rehúyas.

Pídele a Dios que te convenza, de manera clara y rápida, cuando lo ofendas, a fin de que puedas arrepentirte de manera clara y rápida. El arrepentimiento crea un camino para la comunión total con el Dios que te ama, incluso mientras aprendes a complacerlo más y más cada día.

¿Sabes quién no quiere que te arrepientas? El enemigo. ¡Satanás tiene acceso a la misma información que nosotras! Él sabe que cuando le confesamos nuestros pecados a Dios, Él siempre es fiel para perdonar, una y otra vez (1 Juan 1:9).

La próxima vez que notes esos sentimientos de culpa o vergüenza, serás más lista que el diablo haciendo una pausa para presentarle tu pecado a Dios, quien *siempre* perdona.

INSPIRACIÓN DE LA NOCHE

Tan lejos de nosotros echó nuestras transgresiones
como lejos del oriente está el occidente.
Salmo 103:12

Me encanta la seguridad de que nada de lo que confesemos puede hacer que Él nos ame menos. ¿No es eso poderoso? Si llegas a los noventa años y sigues confesando el mismo pecado que le confesaste a Dios cuando tenías catorce, Él todavía te ama. Cuando te equivocas de veras, y sufres consecuencias brutales en tu vida y tus relaciones, Dios todavía te ama. Cuando haces esa cosa que nunca imaginaste que podrías hacer, Dios todavía te ama. Nada puede cambiar el amor inquebrantable y fiel de Dios por ti.

Sin importar lo que hayas hecho, dónde hayas estado, lo que hayas dicho ni cómo lo hayas dicho, Jesús no murió por ti según tu historial de comportamiento. Él te ama porque te ama. Nos arrepentimos porque no queremos lastimarlo. Nos arrepentimos porque queremos permanecer en una comunión abierta e ininterrumpida con Él. Nos arrepentimos y obedecemos porque queremos agradarle. Aun así, siempre nos ama.

Descansa en ese conocimiento mientras te preparas para hablar con Él esta noche y cierras otro día que Él te bendijo para ver.

Mi oración

PETICIÓN

Hoy oraremos por nosotras mismas con la confianza de que Dios escucha.

MEDITACIÓN DE LA MAÑANA

A lo largo de estos veintiocho días, una de nuestras metas es orar por los demás. Seamos sinceras, pues en el transcurso de un día normal pasamos mucho tiempo pensando en nosotras mismas. (¡Sé que yo no puedo ser la única!). Hemos orado por nuestras familias y amistades. Hemos orado por nuestras iglesias y comunidades. Sin embargo, hoy será todo sobre ti, amiga.

¿Sabes por qué?

Porque Dios te ama. Dios se preocupa por ti. Las cosas que te preocupan le importan a Dios. Y para conectarte con Dios, para recibir de Dios, necesitas estar con Dios.

El objetivo de este viaje es que te vuelvas adicta a tu tiempo con Jesús. Hay muchas cosas a las que podrías ser adicta que matarán tu espíritu, dañarán tu alma o paralizarán tu cuerpo, pero hablar con Jesús porque no puedes imaginar tu vida sin Él, ¡eso solo te dará vida! ¿Y adivina lo que sé? Si has estado en este viaje, aunque sea un poquito aquí y allá, sé que has abierto la puerta para que Dios te llame con más claridad a un tiempo con Él. Le dijiste que lo quieres.

No importa lo cansada que estés. No importa lo herida que estés. No importa lo autosuficiente que seas. No importa lo pobre que seas. No importa lo rica que seas. No importa lo inteligente que seas.

No importa lo despistada que te sientas por la forma en que tu vida ha resultado hasta ahora. Cuando oras, le dices a Dios que quieres que Él participe en tu vida. Y debido a que esa es, en última instancia, la razón por la que Él te creó: para verse a sí mismo glorificado al vivir su voluntad en tu vida. Cuando te rindes a Él en oración, también le invitas a invadir tu historia. Así que hoy, acude a Dios en oración con la poderosa expectativa de que Él hará precisamente eso.

PUNTO DE PARTIDA PARA TU ORACIÓN

Querido Dios, me encanta hablar contigo. ¿Podrías mostrarte en mi vida y en las vidas de mis seres queridos? Hoy te pido que _medes pay X mi hijo_

REFLEXIÓN DE LA TARDE

Cuando sucede algo emocionante en tu vida (una primera cita increíble, un ascenso en el trabajo, encontrar un boleto de la lotería por valor de siete millones de dólares), ¿cuál es la primera persona a la que quieres decírselo? Quizá sea a una amiga. Tal vez sea a una compañera de cuarto o a tu esposo. A lo mejor sea a tu mamá. Es natural llevarles nuestras alegrías y nuestras tristezas a las personas que sabemos que se preocupan por nosotras. Esas personas son los buenos regalos de Dios en nuestra vida.

Sin embargo, a veces nos olvidamos de celebrar con quien da todos los buenos regalos. Nos quedamos atrapadas en la vida y no nos detenemos para dejar que Dios nos ayude a sobrellevar nuestras penas. Es natural, así que no te castigues por eso.

Entonces, cuando no llevamos todas las cosas de nuestra vida ante Dios, perdemos la oportunidad de recibir de Él.

La carta de Pablo a la iglesia en Filipos les recuerda que deben llevar sus preocupaciones a Dios orando por todo.

No se preocupen por nada; en cambio, oren por todo.

Filipenses 4:6, NTV

Él es capaz de hacer de manera extraordinaria y abundante todo lo que puedas pedir o pensar.

Dios es el mejor oyente.

Has probado todo lo demás.

¿Por qué no intentas hablar con Él?

Y también quiero que escuches que no tienes que usar muchas palabras elegantes para llamar la atención de Dios. Lo que sea que tengas en mente, díselo a Dios como se lo dirías a tu hermana o vecina.

Incluso, si estás destrozada por la muerte de un ser querido, o por alguien que está en problemas o por alguien vulnerable a quien lastimaron, ¡puedes comunicarte con Dios sin ninguna palabra! (Romanos 8:26). Ten la seguridad que Dios escucha todo lo que está en lo más profundo de tu corazón. ¿Y si tus lágrimas son todo lo que tienes? Eso es suficiente. Ora por las lágrimas, el dolor y la pena. Él puede encargarse de esto.

PUNTO DE PARTIDA PARA TU ORACIÓN

Señor, sabes que estoy sufriendo. Ni siquiera tengo las palabras para que expresen cuán profundamente experimento el dolor. Aun así, lo haré de la mejor manera que pueda. Me siento muy herida, pero sé que quieres que vaya a ti. Por favor, mira mi corazón y conoce mis pensamientos. Encuéntrame donde estoy y guía mis pasos. Por favor, consuélame y muéstrame que estás aquí.

INSPIRACIÓN DE LA NOCHE

Cuando oramos, muchas nos preguntamos si Dios nos escucha. Incluso, cuando estamos convencidas de que Dios escucha, podríamos preguntarnos si a Dios le importa. Y cuando estamos convencidas de que a Dios le importa, es posible que todavía nos preguntemos si Él responde a nuestras oraciones.

Dios siempre responde a las oraciones.

Y lo genial es que siempre dice que sí.

Espera, espera, eso no significa que debas pedir billetes a Maui para las vacaciones de tus sueños si estás arruinada. No, significa que incluso cuando Dios dice que no, es solo porque le dice que sí a otra cosa, a algo mejor, algo para más tarde o a algo inimaginable.

Eso es un poco difícil de entender, ¿verdad?

Nuestra tarea no consiste en comprender con antelación por qué dice sí, no o espera. Nuestra tarea es orar y, al hacerlo, aceptar lo que Él crea que es mejor.

¿Has esperado mucho tiempo que Dios responda a tu oración? Si no ha respondido, sigue orando. Si oraste y Él dijo que no, cree que sigue siendo bueno. Si dijo que sí, da tu testimonio para que otros se animen.

Mi oración

Señor Jesus quítame el miedo, temor, vergüenza. Enséñame a ser, simple sencilla trabajadora

DÍA 18 • *Jueves*

RENDICIÓN

Hoy consideraremos lo que debemos rendirle a Dios.

MEDITACIÓN DE LA MAÑANA

Yo: No es mucho, pero es todo lo que tengo.
Dios: Es todo lo que siempre quise.

Hoy es el día 18 de nuestro viaje de oración. Si descubriste que has estado orando un poco más de lo normal, ¡genial! Incluso, si todavía te estás esforzando por la constancia, está bien. Apuesto a que eres un poco más consciente de tu vida de oración, y ese es el punto. El objetivo es que sepas que Dios está a solo una oración de distancia, y quiere que participemos en una conversación continua con Él.

Entonces, aquí está la pregunta. *¿Por qué* crees que quiere que hablemos con Él con regularidad? Podría haber muchas respuestas a esa pregunta, pero aquí hay una que creo que es más importante. Él quiere que seamos conscientes en cada segundo de cada día de cómo Él quiere que hablemos, caminemos, nos movamos, actuemos, sintamos, reaccionemos, trabajemos, juguemos, seamos madres, corramos riesgos, demos, etc. Quiere que sepamos lo que quiere para que podamos ser más como Él.

La oración nos abre la puerta para vaciarnos de cualquier cosa que no le agrade a Él y hacer espacio para que Él nos llene. ¿Y por qué debería importarte esto? Bueno, amiga mía, su gloria siempre nos trae el mayor bien. Si no tienes otra oración que hacer hoy, siéntete libre de usar esta.

PUNTO DE PARTIDA PARA TU ORACIÓN
Señor, vacíame de mí para poder llenarme de ti.

Los jueves, cuando nos rendimos a Dios, nos comprometemos a entregarnos a Él. ¿Esa palabra te pone nerviosa o incómoda? Si es así, en definitiva es porque no confías en Dios para hacer un mejor trabajo con las partes de tu vida de lo que puedes tú.

Entregarse es difícil si te ha ido bien sola. Puedes pensar que si te entregas a Dios, Él puede pedirte que te muevas en una dirección diferente y no te conceda los deseos de tu corazón.

La rendición puede ser aterradora, pero es la única forma de avanzar con Dios hacia la vida que Él tiene para nosotros. Esta mañana quiero que hables con Dios sobre la entrega de las relaciones en tu vida. Algunas de estas son oraciones muy valientes para hacer, pues la verdadera entrega significa que tu vida puede cambiar.

¿Y si te dice que el chico con el que has estado saliendo no es con el que quiere que te cases?

¿Y si te pide que mantengas los labios cerrados sobre el mal hábito de tu esposo? ¿O te pide que hables?

¿Y si te pide que no interfieras en la vida de tu hijo adulto, pues ya Él lo hace?

¿Y si quiere que rompas los lazos con una amiga tóxica?

Lo sé. Es incómodo, ¿no?

En cambio, tal vez haya un hombre que conocerás el próximo verano que es exactamente el que Dios eligió para ti.

A lo mejor tu moderación sea lo que por fin le permitirá a tu esposo hacerse cargo de su problema.

Quizá Dios esté obrando en el corazón de tu hijo de formas que tú no puedes ver todavía.

Tal vez hacer una pausa o terminar una relación codependiente es lo que necesite tu amiga para recibir ayuda y estar bien.

PUNTO DE PARTIDA PARA TU ORACIÓN

Querido Dios, puedes tener a _mi hijo_. Confío en que tú puedes hacer un mejor trabajo con esta persona que yo.

REFLEXIÓN DE LA TARDE

Señor, vacíame de mí para poder llenarme de ti.

Esta tarde oraremos por el trabajo para el que te creó Dios. Para algunas, el trabajo significará crecer en la trayectoria profesional para el que las diseñó Dios. Para otras, el trabajo puede significar el empleo al que se presentan de lunes a viernes, a fin de pagar las facturas. Algunas tienen el llamado al trabajo de criar hijos o cuidar a padres *nietos* u otras personas con necesidades especiales. Y otras tienen el llamado a usar las horas que Dios les da para servir a los demás como voluntarias o como una vecina increíble.

Si no te gustan las cosas que llenan tus días, es probable que estés emocionada de entregarle tu trabajo a Dios. Y si te encanta lo que haces todos los días, es posible que dudes más en someterlo a Dios.

Después de todo, ¿qué tal si Él te dice que la carrera que crees que te encanta no es la que Él quiere que tengas?

¿Y si te pide que dejes tu empleo sin tener otro en puertas?

¿Y si Dios quiere que esperes antes de tener otro hijo, por razones que no tienes del todo claras?

¿O qué tal si Dios te llama a servir en tu iglesia en un cargo que te hace sentir un poco incómoda?

¿Y si Dios enloquece por completo y te pide a ti y a tu familia que se muden a otra parte del país solo porque Él lo dijo? ¿Y si Él sabe que hay lugares para ver y experiencias que vivir en otro lugar, y que nuevas personas y lugares te darían la emoción de tu vida, pero estás demasiado limitada en tu pensamiento para considerar lo desconocido?

Sé que es posible que te sientas aterrorizada en este momento, pero escúchame alto y claro en este importante punto.

Puedes confiar en Dios.

PUNTO DE PARTIDA PARA TU ORACIÓN

Querido Dios, te ofrezco el trabajo que llena mis días:
_____.

La razón por la que muchos todavía están preocupados, todavía buscan y todavía avanzan muy poco es porque todavía no han llegado al final de sí mismos. Todavía tratamos de dar órdenes e interferir con la obra de Dios dentro de nosotros.

A. W. Tozer, pastor

Los planes de Dios para tu vida superan con creces las circunstancias de tu día.

Louie Giglio, pastor

INSPIRACIÓN DE LA NOCHE

Yo los hice, y cuidaré de ustedes;
los sostendré y los libraré.
Isaías 46:4

Esta noche oraremos por los hábitos en nuestra vida. Quizá hayas establecido un ritmo de oración y disciplinas espirituales. ¡Impresionante! Pon eso delante de Dios con las manos abiertas y escucha su dirección. Tal vez haya una tendencia adictiva en tu vida por comer, gastar, beber alcohol, que necesitas ofrecerle a Dios.

Es difícil ceder el control.

Después de todo, ¿qué pasa si Él te dice que tus hábitos no le agradan y quiere que dejes de complacerte?

¿Y si te pide que dejes de gastar tanto dinero en ti misma y que dediques más de tus finanzas a cosas que bendigan a otros y promuevan su reino?

¿Qué tal si tus hábitos están limitando tu mejor vida?

Si algunos de tus hábitos son antiguos, duros y arraigados, puede resultar aterrador abandonarlos.

¿Confías en Él? ¿Te rendirás?

La evidencia de nuestra falta de entrega se ve a menudo en nuestro ciclo de oración, nuestras emociones y acciones. Oramos. Luego, nos levantamos y no actuamos como si creyéramos que Dios está controlando lo que pusimos a sus pies.

Lo que quiero que escuches es que, a pesar de que da miedo rendirse, Dios es digno de confianza. Cuando te rindes, Dios es fiel para darte lo que necesitas a fin de obedecer y permanecer fiel.

Le mentimos a Dios en la oración si no confiamos en Él después.
Robert Leighton, predicador

¿Confías en Dios? ¿Crees que es quien dice ser y que puede hacer lo que dice que puede hacer? (Gracias, Beth Moore, por esa frase). Entonces, haz todo lo que esté en tu mano para orar, alabar, agradecer, arrepentirte y pedir. Luego, levántate de tus rodillas y déjalo ahí.

Después que ores por eso, haz lo que Dios te pide que hagas. Participa con Él en la vida que te ha pedido vivir rindiéndote de manera total y completa a Él. ¿Todo lo demás? Detente. Solo detente.

Esta noche, antes de que te vayas a dormir, considera esto: ¿Le has estado mintiendo a Dios? ¿Oras como si confiaras en Él, pero luego actúas como si no fuera así? Solo un poco de comida para tus pensamientos nocturnos. Recuerda, Él está lleno de perdón y misericordia cuando confesamos y buscamos la libertad.

Mi oración

Señor te ofrezco el trabajo
que ocupa mis días.
El cuidar de mis nietos, está en
tus planes para mí?
Si es así, llename de sabiduría
y tu Palabra; para hacer bien
mi misión con ellos.
Cuando me llames a cuentas,
Yo pueda darte un buen reporte.
Llename mas de ti c/día de
mi vida.
Creo en ti y también que
tu me vas a dirigir por el
camino recto.
Gracia mi Señor, Padre, mi
Señor, gracias por la vida
que me das. Te alabo mi
Señor. Amén

FAMILIA Y AMISTADES

Hoy nos centraremos en las necesidades de otros al orar por quienes no son familiares ni amistades.

MEDITACIÓN DE LA MAÑANA

Ten mucho cuidado, sobre todo en tus oraciones, de limitar a Dios no solo por la incredulidad, sino por imaginar que sabes lo que puede hacer Él.
Andrew Murray, escritor, maestro, pastor

¡Feliz viernes!

En nuestro primer viernes, oramos por nuestras familias. Y la semana pasada oramos por nuestras amistades. Hoy vamos a orar por otras personas que Dios ha puesto en nuestras vidas.

Esta mañana me gustaría invitarte a orar por alguien en tu vida, fuera de tu familia y amistades cercanas, que te cause problemas.

Tal vez sea una colega la que te hace la vida difícil. Quizá sea la persona con la que sale tu hermana, por la que tienes grandes preocupaciones. Es posible que sea una vecina que parece quejarse por todo. Tal vez sea un comité en la escuela de tu hijo que rechaza los servicios que necesita tu hijo. ¿Quién te viene a la mente cuando te invito a orar por alguien que te causa problemas?

Amada, quienquiera que sea este individuo y cualquiera que sea el conflicto entre ustedes, Dios es más grande. Ora como si Dios fuera de veras Dios. Él puede hacer grandes cosas. Ora teniendo en cuenta lo que le traerá la gloria y pide lo imposible. Dios puede hacer lo imposible. La oración extiende una invitación para que Dios invada las circunstancias de tu vida cotidiana. Ora en grande. Luego, espera. Observa. Prepárate.

Dios es bueno. En caso de duda, declárate esto a ti misma unas cuantas veces y elige pensar en lo que es adecuado en tu mundo. Dios puede hacer todas las cosas y las hace bien. Tómate unos minutos hoy para pensar en la ocasión en la que Dios respondió tus oraciones. Si no puedes pensar en un momento como ese, envía un mensaje de texto a dos o tres personas que aman a Dios y pídeles testimonios de oración contestada. Ya sea que la oración y la respuesta fueran suyas o pertenecieran a un familiar o amigo, recordar las oraciones contestadas es alentador. Cree que Dios es bueno y que puede responder la oración. Esto te dará el valor para ir a Él con tus peticiones.

No importa lo que quizá vaya mal, esté fuera de tu control o te asuste por completo, Él puede hacer lo imposible.

PUNTO DE PARTIDA PARA TU ORACIÓN

Amado Señor, te ofrezco a esta persona en mi vida que me causa problemas.

REFLEXIÓN DE LA TARDE

Nuestras oraciones pueden resultar incómodas. Nuestros intentos pueden ser débiles. Sin embargo, como el poder de la oración está en quien la escucha, pero no en quien la hace, nuestras oraciones marcan la diferencia.

Max Lucado, escritor y pastor

Tus oraciones marcan la diferencia, ¡así que sigue adelante!

Esta mañana oraste por alguien que te causa dolor y esta tarde quiero que ores por alguien en tu vida, más allá de tu familia y amigas, que te ha bendecido. Puede ser alguien en tu vida ahora o puede ser alguien que te bendijo en otra época.

- Quizá fuera un entrenador que vio tu potencial.
- Tal vez fuera una maestra de la Escuela Dominical o un líder juvenil que alimentó tu fe.
- A lo mejor fuera la madre de una amiga que te infundió pasión por la cocina.
- Es posible que fuera una maestra que afirmó tus dones.
- Tal vez se trate de una vecina u otro adulto que solo se deleitó en lo que eres.

Esta gente que te ha bendecido es un buen regalo de Dios para ti. Dios la ha usado para moldearte en la persona que Él hizo que fueras. Dale gracias a Dios por la persona que te ha bendecido.

INSPIRACIÓN DE LA NOCHE

Señor, ayúdame a escucharte en oración
tanto como tú me escuchas a mí. Amén.

Hoy, ¿has logrado mantener en tu corazón y en tu mente a la persona que te causa dolor? ¿O la que te ha bendecido? Si no, recuérdalas ahora.

Y esta noche, oraremos por una persona en tu mundo de la que quizá no siempre te des cuenta: alguien que empaca tus compras, arregla tu automóvil, te corta el césped o asiste a la escuela con tu hijo.

Tal vez sea una persona pobre en lo económico.

Tal vez sea una persona con una discapacidad.

Tal vez sea una persona cuya familia no es capaz de amarla bien.

Tal vez sea alguien sin un lugar seguro para vivir.

Tal vez sea alguien vulnerable porque es muy mayor o muy joven.

Puede ser alguien con quien compartes la vida y puede ser alguien cuyo nombre aún no conoces. Mantén a esta persona en tu corazón y continúa elevándola ante Dios, pidiéndole que satisfaga todas sus necesidades.

Mientras oras por los demás hoy, considera el impacto que tus oraciones han tenido y pueden tener en la vida de los demás.

¿Alguna vez tus oraciones han marcado una diferencia en la vida de alguien que te importa? ¿Alguna vez alguien ha orado por ti y le viste marcar la diferencia?

Si es así, dedica unos minutos para escribirlo en tu diario. Te animará mientras oras y esperas que Dios te responda.

¿Cómo fue tu oración hoy?

¿Hablaste mucho con Dios hoy?

Si no lo has hecho, no es demasiado tarde.

Entonces, aquí tienes un desafío: ¿te has detenido a escuchar?

A medida que nos acercamos a este fin de semana, es posible que tengas un montón de cosas planeadas para hacer, ¿pero has reservado tiempo para Él?

Me refiero a un tiempo real. Si aún no lo has escuchado, te estás perdiendo la mejor parte.

Este fin de semana, busca un lugar y un tiempo para estar tranquila, y solo ver lo que Él le dice a tu corazón, a través de su Palabra, en tu espíritu acerca de la persona que Él ha puesto en tu corazón y que te hace enojar.

Mi oración

DESAFÍOS DEL SÁBADO

Hoy oraremos por las necesidades de nuestra nación.

MEDITACIÓN DE LA MAÑANA

Señor, derrama tu espíritu sobre esta nación.
Cubre la tierra con tu gloria.
GEB America, red de televisión

Hoy oraremos por nuestra comunidad nacional. ¡Dios mío, eso parece como un gran trabajo! Sin embargo, la Biblia dice: «Exhorto, pues, ante todo que se hagan rogativas, oraciones, peticiones y acciones de gracias por todos los hombres; por los reyes y por todos los que están en autoridad, para que podamos vivir una vida tranquila y sosegada con toda piedad y dignidad. Porque esto es bueno y agradable delante de Dios nuestro Salvador, el cual quiere que todos los hombres sean salvos y vengan al pleno conocimiento de la verdad» (1 Timoteo 2:1-4, LBLA).

Quizá estés como yo, abrumada por todo lo que sucede en nuestro país y preguntándote qué puedes hacer para cambiar las cosas. Aun así, donde tu alcance personal no te lleve, tus oraciones tienen el poder de viajar. Nada, quiero decir nada, está demasiado lejos, es demasiado grande ni demasiado distante para que ores. Hay algunos que tienen el llamado a liderar a nivel local, nacional o incluso internacional. Si ese no es tu papel, el tuyo es orar por quienes tienen el llamado a liderar.

¿Cuándo fue la última vez que oraste por nuestra nación? ¿Nuestro presidente? ¿Nuestros congresistas, senadores y otros funcionarios públicos? Es fácil consumirse tanto por lo que quieres que Dios haga por ti que te olvides de su mandato de utilizar tus músculos de oración por el bien de los que lideran.

Esta semana, ¿qué viste en las noticias nacionales que te afligiera el corazón, te entristeciera o incluso te despertara temor y preocupación? Ora por eso.

PUNTO DE PARTIDA PARA TU ORACIÓN

Querido Dios, ¿ves esta preocupación en particular que tengo por nuestra nación? Señor, ¿podrías ayudar, rescatar, consolar, liberar, enmendar?

Orar por nuestro país, y otros países, te permite reconocer cómo eres bendecido.

Incluso, si hay cosas en tu vida que no son del todo como quieres que sean, es probable que tengas mucho más que la mayoría de las personas en el mundo.

Piensa en las formas en que eres bendecido y, luego, piensa en otra persona, o grupo de personas, y en cómo no tienen lo que tú podrías dar por sentado.

PUNTO DE PARTIDA PARA TU ORACIÓN

Querido Dios, soy bendecida porque tú _me amas, estás conmigo_. Te ruego por _los países_ que no tiene la comida, el refugio, la seguridad, la atención médica, la paz ni los derechos que disfruto yo.

REFLEXIÓN DE LA TARDE

Si mi pueblo, que lleva mi nombre, se humilla y ora,
y me busca y abandona su mala conducta, yo lo escucharé
desde el cielo, perdonaré su pecado y restauraré su tierra.
2 Crónicas 7:14

Nunca dudes de lo que puede hacer una oración.

Sé que te preguntas si tus oraciones por el país en el que vives marcan la diferencia.

Si no eres prudente, esa pregunta agobiante de si tus conversaciones con Dios tienen un impacto, te impedirán orar.

No te obsesiones con eso.

Piensa en tus oraciones, una a la vez, y da gracias, sabiendo que tienes la oportunidad de decirle a Dios lo que hay en tu corazón y que Él te escucha.

Y después, confíale tus oraciones a Él. Nunca dudes. Y si lo haces, ora de todos modos.

Sé que puede ser desalentador orar por nuestra nación y luego ver tanto sufrimiento, dolor, depravación moral, prejuicios contra el cristianismo y un reconocimiento cada vez menor de Dios en un país fundado en la Palabra de Dios.

Entonces, ¿qué tal si son las mismas oraciones del pueblo de Dios las que evitan que sea peor? ¿Qué tal si tus oraciones, por pequeñas e insignificantes que parezcan, son un muro de protección que detiene una avalancha de consecuencias mientras nuestra nación aflige el corazón de Dios y amenaza con iniciar su mano de justicia?

¿Qué tal si tus oraciones son como las oraciones de Abraham por Lot, deteniendo la destrucción del lugar donde se dejó fuera a Dios, y la gente se lanza a la depravación de mente y alma? ¿Qué tal si?

Él te escucha cuando invocas su nombre.

En medio de mi angustia invoqué al Señor;
el Señor me respondió y me puso en un lugar espacioso.
Salmo 118:5, LBLA

INSPIRACIÓN DE LA NOCHE

Dichosa la nación cuyo Dios es el Señor.
Salmo 33:12

Espero que hoy te sintieras con poder para orar por tu nación. Aunque te haga sentir pequeña, tus oraciones mueven el corazón de Dios. Hoy, ¿cuál fue el problema que enfrenta la nación que más ha pesado en tu corazón? Continúa ofreciéndoselo a Dios cuando lo escuches en las noticias y cuando notes que afecta a las personas que conoces y amas. Uno de los problemas que enfrenta nuestra nación que me preocupa es la división entre barreras raciales, culturales y socioeconómicas. Sé que Dios desea la unidad entre su pueblo, pero incluso en la iglesia no siempre veremos la unidad que deberíamos. Siempre que mi corazón se acelera al respecto, ya sea que esté leyendo con mis hijos, leyendo sobre el tema en línea o escuchándolo mientras otros analizan la división en varias discusiones, se lo ofrezco a Dios.

Haz una pausa esta noche y ora para que esta nación se parezca cada vez más al reino del que Jesús marcó el comienzo.

- Ora por quienes gobiernan este país en todos los ámbitos.
- Ora por la paz entre esta nación y otras.
- Ora por la paz dentro de esta nación.
- Ora por los vulnerables en esta nación, a fin de que se satisfagan sus necesidades.
- Ora por los privilegiados de esta nación, de modo que sean buenos administradores.
- Ora por las personas en esta nación para que conozcan a Jesús de una manera transformadora.
- Ora para que los cristianos de esta nación amen y sirvan bien.

También quiero invitarte a orar por los que sirven en el ejército. Hay personas en este momento que están destacadas en todo el mundo para protegerte. Algunas de ustedes pueden tener familiares que se alejan con valentía de sus seres queridos para sacrificar su tiempo y seguridad a fin de proteger a otros y defender el bienestar de esta nación.

¿Cuándo fue la última vez que oraste por los que sacrifican sus vidas por ti? Dedica un momento para orar por alguien que conozcas en el ejército, alguien que conozcas que tenga un pariente en el servicio o, si no conoces a nadie, ora para que Dios cubra y proteja a los que quizá nunca conozcas y que arriesgan sus vidas por ti.

Mi oración

DÍA 21 • *Domingo*

ORACIONES DEL DÍA DE DESCANSO

Hoy apoyaremos al cuerpo de Cristo al orar por los siervos fieles en la iglesia.

MEDITACIÓN DE LA MAÑANA

¡Es domingo! Hoy es el día para orar por tu comunidad espiritual, personas que tienen tu misma fe. Algunas de esas personas te ministran con regularidad, como tu pastor. Algunas de esas personas ministran contigo, como los líderes laicos de tu iglesia, los ancianos, los diáconos o la persona que sirve contigo en el ministerio de niños los domingos por la mañana.

Sin embargo, hay otros. Algunas de esas personas han hecho el trabajo de sus vidas, ya sea de manera profesional o personal, al verter en la vida de los demás nutriendo sus almas y ayudándoles a crecer en su relación con Dios. Piensa en las personas que escuchas en la radio, miras en la televisión o en las que escriben los libros que lees. ¿Quién te ha ministrado a través de las ondas de radio, con sus escritos o en YouTube?

¿Alguna vez te has detenido a pensar que esas personas también necesitan tus oraciones? Haz una pausa por un momento para recordar qué mensajes fueron significativos para ti durante tu peregrinación cristiana. ¿Quién te entregó ese mensaje?

¿Has realizado algún estudio bíblico? ¿Has escuchado algún pódcast? ¿Has transmitido sus mensajes o servicios dominicales en línea?

O tal vez haya alguien que te animara en tu caminar de fe con solo darte el testimonio de su vida. ¿Hay alguien a quien amas o aprecias por ayudarte a crecer espiritualmente? Ora por ellos hoy.

> *Nada prueba más que amas a alguien que mencionarle en tus oraciones.*

PUNTO DE PARTIDA PARA TU ORACIÓN

Querido Dios, gracias por _Pastor Rion & Denise_ Bendícelos por su obediencia a ti y su ministerio hacia mí. Fortalécelos y anímalos a seguir siendo una bendición para los demás.

REFLEXIÓN DE LA TARDE

No se entrega la vida en un instante. Lo que dura toda la vida solo se puede entregar durante la vida.
Elisabeth Elliot, misionera

Vivir una vida de entrega no es sencillo. Si así fuera, ¡todo el mundo lo haría! Piensa en personas que caminan con Dios a quienes admiras. ¿Qué hacen para vivir una vida de entrega? Si quieres lo que tienen, ¿qué hábitos o características poseen que podrías adoptar?

- ¿Están comprometidas a estudiar la Palabra de Dios?
- ¿Han desarrollado otras disciplinas espirituales?
- ¿Utilizan las palabras con sabiduría, como Jesús?
- ¿Viven su fe al perseguir la justicia?
- ¿Son fieles al testificarles de Jesús a los demás?
- ¿Sirven de manera modesta y humilde?

¿Qué puedes aprender de este líder cristiano al que quieres emular?

Los discípulos vieron a Jesús permanecer en el Padre. Está bien observar a los demás y aprender de ellos. Lleva toda una vida lograr una vida de entrega. No te preocupes si aún no estás allí. Una vida de entrega es una caminata paso a paso. Tan solo sigue avanzando.

INSPIRACIÓN DE LA NOCHE

Dios te creó para ser la respuesta a la oración
de otra persona. Mantén tus ojos abiertos.

Tendemos a poner en pedestales a las personas que admiramos espiritualmente, ¿no es así? Cuando las vemos en el escenario, las escuchamos en la radio o las vemos en la televisión, podríamos sentirnos tentadas a pensar que tienen una capacidad de conocer a Dios que nosotras no conocemos, o una conexión que les permite escucharlo con claridad.

Déjame contarte un pequeño secreto. No la tienen. Quizá las personas que te ministran fueran a la escuela, las discipularan, incluso puede que tuvieran una herencia espiritual que desearías tener tú. Sin embargo, eso no es lo principal que las hace ministrarte con fuerza y poder. Todas las personas a quienes Dios usa tienen una característica sin importar su pasado, su experiencia, sus talentos y dones.

Están disponibles.

Cuando Dios llama, dicen que sí. Cuando Dios les pide que hagan lo difícil, dicen que sí. Cuando les pide que se arriesguen, dicen que sí. Cuando Dios las llama a caminar por un lugar donde podrían estar solas, dicen que sí. Y al decir que sí, terminan en una posición en la que te ministran. Entonces, cuando Dios te dé una indicación, ¿dirás que sí? Eso espero. Podría ayudarte a ministrar a otra persona o, es posible, incluso a ser una respuesta a sus oraciones.

¿Y ya lo adivinas? Solo quedan siete días en este viaje de veintiocho días. ¿Cómo ha cambiado tu vida de oración con recordatorios regulares para hablar con Dios? ¿Los recordatorios te han facilitado hablar con Él un poco más o un poco más de manera constante? Yo espero que sí. Encuentro que los recordatorios para orar me ayudan a tener más propósito y a realizar con más frecuencia mis conversaciones con el Todopoderoso.

Al entrar en nuestra última semana, me he encontrado preguntándome: si orar no es de veras tan difícil, si orar sin cesar y mantener abiertas las líneas de comunicación con Dios no es gran cosa, ¿por qué no lo hacemos más? ¿Por qué es una lucha? ¿Por qué es un desafío acudir a Dios primero? Una razón podría ser porque no creemos que la oración dé resultado en realidad. ¿Otra razón? Creemos que, a la larga, tendremos tiempo para hablar con Dios sobre nuestras preocupaciones. Pensamos que no hay prisa por contarle nuestros sentimientos, pedirle su opinión sobre nuestra situación o buscar su guía para nuestras vidas. Nos proponemos orar por las cosas. Solo que no siempre lo hacemos. Entonces, ¿qué tal si la oración pudiera marcar de veras la diferencia?

Si no oramos o si retrasamos nuestro tiempo para pedirle a Dios por los detalles de nuestras vidas, podríamos estar demorando su provisión, su intervención o su favor. Permíteme desafiarte a que no esperes. No actúes como si tuvieras tiempo. Haz que tu enfoque y prioridad sean hablar con Dios esta semana, y a que lo hagas a menudo. ¿Por qué no tienes una pequeña charla con Él antes de acostarte por la noche? No esperes hasta mañana. Él está disponible para hablar contigo ahora mismo.

FINAL DE LA TERCERA SEMANA

Reflexión

No sé tú, pero cada vez que trato de comenzar un nuevo hábito en mi vida, siempre me encuentro con cierta resistencia. Cuando decido comenzar un nuevo régimen de ejercicios o un plan de alimentación saludable, puedo empezar con mucho entusiasmo, pero a medida que pasan los días, empiezo a perder la emoción. Tal vez sea porque los resultados no llegan tan rápido como esperaba o tal vez sea porque pierdo de vista mi *motivo*, pero de cualquier manera, la tercera semana de cualquier nuevo ritmo en mi vida puede ser difícil.

Si te encuentras perdiendo el fuego con el que comenzaste, está bien. Vivimos en un mundo lleno de distracciones que compiten por nuestra atención. Cada día tenemos un bufé de opciones para pasar nuestro tiempo, así que no es de extrañar que podamos perder el rumbo.

John Piper dijo una vez: «Uno de los mejores usos de Twitter y Facebook será demostrar en el Juicio Final que la falta de oración no fue por falta de tiempo».

¡Ay! Puedes cambiar la palabra Twitter o Facebook para reflejar tu distracción preferida, pero esa declaración tiene mucha verdad. Si nos damos un gusto excesivo en las redes sociales, Netflix o lo que sea que nos aleje del tiempo con el Señor, no podemos decir que no oramos por falta de tiempo.

Si esta semana te resultó difícil mantenerte concentrada, está bien. Sus misericordias comienzan de nuevo mañana, pero no pierdas la oportunidad de ser realista contigo misma y pensar en lo que te alejó, ya sea en mente, cuerpo o espíritu, de orar esta semana. Anota algunas de las cosas que más te distrajeron y, luego, piensa en algunas formas de mitigar esas interrupciones la próxima semana. Por ejemplo, si las redes sociales son tu distracción preferida, considera la posibilidad de limitar el tiempo en las redes sociales o de mantener tu teléfono lejos de ti durante el tiempo de oración. Si ver maratones nocturnos te hace perder la concentración, pon el control remoto del televisor debajo de la Biblia para recordar que debes orar antes de ver un programa. Sé creativa y haz lo que tengas que hacer de manera que te ayude.

Al entrar en la última semana de nuestro viaje de oración, considera lo siguiente:

- ¿Qué papel juegan las distracciones en mi tiempo con el Señor?
- ¿Cuáles son algunas formas en las que puedo eliminar las cosas que desvían mi atención de Él?
- ¿Qué me ha revelado Dios esta semana sobre sí mismo?
- ¿Qué he aprendido de los demás? ¿Qué me ha enseñado sobre mí?
- ¿Qué cambios he visto en mí misma al someterme a la oración?
- ¿Cómo ha respondido Dios a mis oraciones de maneras inesperadas?

Cuarta semana

ALABANZA Y ACCIÓN DE GRACIAS

*Hoy nos comprometeremos
a elegir la gratitud.*

MEDITACIÓN DE LA MAÑANA

¿Qué tienen de hermoso los lunes por la mañana? Puedes elegir. De manera mental y emocional, tienes un nuevo comienzo, y puedes decidir cómo aceptarás una nueva semana. Tienes que elegir cómo afrontarás un nuevo día y cómo verás las oportunidades, los desafíos y las situaciones en los próximos días.

Durante este viaje de oración, los lunes decidimos darle gracias a Dios por cómo nos bendice de forma espiritual, física y social. Vivir con un corazón agradecido es una decisión que debemos tomar a diario. Y no solo es un acto de obediencia a Dios, lo cierto es que nos prepara y moldea para la manera en que respondemos a todo lo que nos encontremos.

Cultivar un corazón agradecido contribuye en gran medida a determinar cómo responderás a lo que se te presente. La elección de ser agradecida, en lugar de caer en las quejas y la negatividad, puede moldear la forma en que tu mente y corazón interpretan tus circunstancias. En su Palabra, Dios nos instruye que demos gracias no solo porque es lo adecuado, sino porque somos bendecidas en el proceso. El agradecimiento *nos* cambia.

Cuando le das gracias a Dios por lo que tienes, ves lo mucho que te ha dado. Cuando alabas a Dios por quién es y le agradeces por lo que ha hecho, lo engrandeces a Él en lugar de hacerlo a tus problemas. Descubre que, incluso si tienes grandes problemas, sirves a un Dios aún más grande. Cuando dispones tu mente para ver lo que está bien, dejas menos espacio para concentrarse en lo que está mal. Un corazón agradecido y un corazón de desánimo se ven presionados para ocupar el mismo espacio al mismo tiempo. Así que déjame desafiarte a que elijas la gratitud, sobre todo en ese lugar donde luchas más.

PUNTO DE PARTIDA PARA TU ORACIÓN

Querido Dios, hoy elijo darte gracias por *la vida y la oportunidad de cuidar a mis nietos*

REFLEXIÓN DE LA TARDE

El lunes ha sido nuestro día para darle gracias a Dios y alabarlo, ¿verdad? Hoy, al comenzar la última semana de nuestro viaje, quiero recordarte cómo puede ser esta actitud de gratitud. Aquí tienes uno de mis pasajes bíblicos favoritos a fin de que reflexiones y lo hagas tuyo:

> Te doy gracias, oh SEÑOR, con todo el corazón;
>   delante de los dioses cantaré tus alabanzas.
> Me inclino ante tu santo templo mientras adoro;
>   alabo tu nombre por tu amor inagotable y tu fidelidad,
> porque tus promesas están respaldadas
>   por todo el honor de tu nombre.
> En cuanto oro, tú me respondes;
>   me alientas al darme fuerza.
>
> Todos los reyes del mundo te darán gracias, SEÑOR,
>   porque cada uno de ellos escuchará tus palabras.
> Así es, cantarán acerca de los caminos del SEÑOR,
>   porque la gloria del SEÑOR es muy grande.

Aunque el Señor es grande, se ocupa de los humildes,
pero se mantiene distante de los orgullosos.

Aunque estoy rodeado de dificultades,
tú me protegerás del enojo de mis enemigos.
Extiendes tu mano,
y el poder de tu mano derecha me salva.
El Señor llevará a cabo los planes que tiene para mi vida,
pues tu fiel amor, oh Señor, permanece para siempre.
No me abandones, porque tú me creaste.

Salmo 138, NTV

¡Así es que se escuchan las alabanzas!

INSPIRACIÓN DE LA NOCHE

Estén siempre alegres, oren sin cesar, den gracias a Dios en toda situación, porque esta es su voluntad para ustedes en Cristo Jesús.
1 Tesalonicenses 5:16-18

Puede que este día fuera largo. Es posible que tus hijos te estén volviendo loca. Tal vez te olvidaste de pensar en qué hay para cenar y ahora todo el mundo está de mal humor, incluyéndote a ti. Quizá fuera un día difícil en el trabajo. Tal vez la temperatura entre tu esposo y tú sea demasiado fría. A lo mejor el servicio de tu automóvil te cueste más de lo que pensabas. Es posible que tu ropa te quede un poco ajustada. Tal vez tu impresora dejó de funcionar ayer y tengas que imprimir un documento importante hoy. Quizá estés de mal genio, tu corazón se sienta un poco duro y el día te haya durado demasiado tiempo. Ya lo sé. Lo sé. Lo sé. Aun así, da gracias. Agrega algunas cosas a tu lista. Siempre hay algo por lo que dar gracias.

Si te resistes a vivir en gratitud a Dios, tu vida lo reflejará. Te quejarás de lo que no tienes en lugar de apreciar lo que tienes. Notarás lo peor en los demás en lugar de ver la forma en que brillan.

Incluso, te perderás las maneras en que Dios usa los desafíos que enfrentas para hacerte más fuerte y más semejante a Jesús.

En cambio, si vives dándole gracias a Dios, tu vida se convertirá en un hermoso reflejo del Dador. Serás capaz de vivir con sencillez, sin aferrarte a poseer más cosas, y a estar agradecida. Disfrutarás de la gente que te rodea. Y hasta desarrollarás una visión para ver las formas en que Dios usó una situación que nunca elegirías para tu bien.

La gratitud puede transformar tu vida.

PUNTO DE PARTIDA PARA TU ORACIÓN
Querido Dios, te doy gracias por _mi salud_

Mi oración es para que, incluso después que termines este viaje de oración, continúes cultivando la gratitud.

Mi oración

Gracias Dios por mi salvación y gracias por tu amor, tu misericordia y tu gracia hacia mí. Gracias porque hasta aquí me has sostenido con tu mano derecha.

Gracias por mis hijos, nietos, mis hermanos carnales y espirituales.

ARREPENTIMIENTO

*Hoy obedeceremos el llamado de Dios
para perdonar a otros.*

MEDITACIÓN DE LA MAÑANA

¡Perdonar!

Vaya, buenos días para ti también. Sí. Es ese tipo de día que tienes delante. ¿Por qué? Porque algunos días solo tienes que decidirte por adelantado a perdonar a la gente chiflada que te enloquecerá cuando llegues al trabajo. Algunos días tienes que decidir ver a tu compañera de cuarto con ojos de amor cuando lo que quieres de veras es cantarle las cuarenta por dejar los platos sucios durante la noche… otra vez. Algunos días tendrás que abrirte paso a través de la ira que crece dentro de ti porque estás cansada de luchar para llegar a fin de mes y tu ex no es confiable con los pagos de manutención de los hijos.

Perdonar.

¿Por qué? Porque cuando Jesús les enseñó a los discípulos cómo orar en Mateo 6, estableció nuestra petición de que Dios nos perdonara en el contexto de nuestro perdón a otra persona.

Tanto si tu iglesia dice «perdónanos nuestras *ofensas* como nosotros perdonamos a los que nos ofenden» cuando oran juntos el Padrenuestro como si dice «perdónanos nuestras *deudas*, como también nosotros hemos perdonado a nuestros deudores» (Mateo 6:12), recibir perdón y ofrecer perdón están unidos de manera indisoluble.

¿De verdad quieres que Dios te perdone en la medida en que tú perdonas a otros?

Sal. 145:1-11

Puede ser difícil perdonar, pero siempre ten esto en cuenta: nunca te tendrán que clavar en una cruz por las acciones de tu ofensor. Entonces, ¿sabes qué? Jesús hizo eso por ti.

No hay nada, *nada*, ni nadie que pueda hacerte daño que sea peor que el sufrimiento que tu pecado le causó a Jesucristo. Así que decide perdonar por adelantado. Te sentirás mejor por hacerlo.

REFLEXIÓN DE LA TARDE

¿Conoces el viejo dicho: «Cuando perdonas, la persona a la que dejas libre es a ti»?

Muchas de nosotras somos lentas para perdonar porque sentimos que dejamos libre de culpa a la persona que nos hizo daño. Tememos que el perdón de alguna manera sea como aceptar o consentir lo que nos hicieron. El problema es que cuando nos negamos a perdonar, ¡las personas que se quedan atascadas somos nosotras!

Cuando perdonas, reclamas tu libertad.

Un dicho popular menos útil sobre el perdón no es bíblico: perdona y olvida. Aunque es un sentimiento reconfortante, es posible que no olvidemos el daño que nos hicieron. Sin embargo, podemos liberarnos de su poder. El perdón no siempre equivale al olvido, pero desbloquea las cadenas que amenazan con impedirte seguir adelante.

El perdón es soltar algo que quieres mantener cerca porque no quieres que esa persona se salga con la suya haciéndote daño. Incluso, puedes ser lo suficientemente sincera como para decir que quieres que paguen en realidad. ¡Libérate! Perdona. Ríndete al gran paso que Dios te pide que des, no porque tenga sentido ni se sienta bien, sino porque confías en Él. Sé que da miedo rendirse. Sé que se siente incómodo dar un paso hacia lo desconocido, lo extraño o el nuevo lugar sin invitación.

Entonces, si eso es lo que Dios te pide que hagas, ríndete. Entrega. Perdona. Confía. Suplica. Ve. Permanece. Corre. Gira. Arrodíllate. Ora. Cualesquiera que sean las emociones que se muevan dentro de ti cuando consideres perdonar, detente a orar por ellas ahora mismo. Haz una pausa para hablar con Dios sobre lo que te preocupa. Él ya lo sabe. Solo quiere tener una conversación contigo al respecto.

Elige perdonar, amiga mía. Y recuerda que una y otra vez, y otra y otra vez, nuestro Padre celestial está dispuesto a perdonarte; lo tuyo solo es pedirlo.

Dios arrojó nuestros pecados confesados a las profundidades del mar, y hasta puso un letrero de «No pescar» en el lugar.
Dwight Moody, evangelista

INSPIRACIÓN DE LA NOCHE

A veces, Dios nos invita a perdonar a otros por las ofensas que afectaron nuestras vidas de manera importante.

- Perdona a la madre biológica que te abandonó.
- Perdona al padre que te dejó.
- Perdona al que abusó de ti.

¡Esas son grandes! Cuando hacemos el arduo trabajo de perdonar a nuestros ofensores, experimentamos la sanidad y la plenitud que Dios quiere para nuestra vida.

Sin embargo, también hay pequeñas ofensas que Dios quiere que perdonemos. ¿Recuerdas a esa compañera de cuarto que siempre deja los platos sucios en el fregadero? O tal vez haya una compañera de trabajo que siempre te llama por el nombre equivocado. Quizá tu madre llega crónicamente tarde y eso te irrita muchísimo. O tal vez tengas una hija cuya boca se apodera de ella. Dios quiere que crezcamos en nuestros corazones para que perdonemos con rapidez.

Desarrolla un corazón que sea rápido para perdonar al elegir dejar de lado estas ofensas lo más pronto posible. En palabras de la reina Elsa en la película *Frozen, el reino del hielo*: Suéltalo.

¿Un miembro de la familia se comió el último trozo de tu tarta de cumpleaños? Suéltalo.

El niño se olvida de limpiar la caja de arena del gato... ¿otra vez? Suéltalo. (Quiero decir, después que esté limpio. De lo contrario... es asqueroso).

¿Tu hermano olvidó tu cumpleaños? Suéltalo.

¿Un tonto te bloqueó en el tráfico? Suéltalo.

Desarrolla un corazón que perdone con rapidez eligiendo liberar las ofensas.

¿Cuál es una ofensa menor a la que te aferras hoy y que Dios te invita a soltar?

Mi oración

Pido perdón a mis hijo que tal vez
no lo supe criar de acuerdo a tu
voluntad. Te pido mi Señor por sabiduría, dame las palabras necesarias
para convivir con él.

DÍA 24 • *Miércoles*

PETICIÓN

Hoy haremos nuestras peticiones de las Escrituras.

MEDITACIÓN DE LA MAÑANA

¿Triste? Ora. ¿Piensas demasiado? Ora. ¿Te das por vencida? Ora. ¿Dolorida? Ora. ¿Deprimida? Ora. ¿En apuros? Ora. ¿Preocupada? Ora.

A veces es posible que no sepas qué orar. Tal vez sea porque no tengas mucha práctica. A lo mejor es porque cuando oras, pides lo mismo una y otra vez. Quizá sea porque estés cansada de hacer las mismas peticiones y cansada de esperar que Dios responda. Tal vez sea porque oraras antes y te decepcionaras porque Dios no te respondió de la manera que deseabas. O quizá no creas que Él respondiera en lo más mínimo.

Así que déjame ayudarte. No hay nada de malo en orar por tus pensamientos, deseos, lágrimas, necesidades y deseos. Sin embargo, a veces solo necesitas tomar prestadas las palabras de otra persona, y está bien.

¿Alguna vez has intentado orar las Escrituras? ¿Alguna vez has tomado prestadas las frases de la Palabra de Dios y se las has ofrecido a Él? Dios ama su Palabra, y la belleza de orarle su Palabra es doble:

1. No tienes que ser un genio de la oración y pensar en nuevas palabras.

2. No tienes que preguntarte si estás orando dentro de la voluntad de Dios por tu vida. ¡Su Palabra es su voluntad!

Si necesitas algo para orar hoy, empieza con esto.

«Así que no se preocupen diciendo: "¿Qué comeremos?" o "¿Qué beberemos?" o "¿Con qué nos vestiremos?" Los paganos andan tras todas estas cosas, pero el Padre celestial sabe que ustedes las necesitan».

Mateo 6:31-32

REFLEXIÓN DE LA TARDE

¿Recuerdas que las dos grandes ventajas de orar las Escrituras son que no tienes que pensar en las palabras y sabes que estás orando en la voluntad de Dios? Otro beneficio es que orar las Escrituras nos enseña por qué debemos orar en todo tiempo.

Aquí tienes algunos versículos sobre lo que Dios anhela darnos.

- 2 Corintios 9:8: «Y Dios puede hacer que toda gracia abunde para ustedes, de manera que siempre, en toda circunstancia, tengan todo lo necesario, y toda buena obra abunde en ustedes». *Aprendemos que Dios anhela bendecirnos para que podamos hacer buenas obras.*
- 2 Pedro 1:3 (NBV): «Dios en su gran poder nos ha concedido lo que necesitamos para llevar una vida piadosa. ¡Lo hizo cuando conocimos a Aquel que nos llamó por su propia gloria y excelencia!». *Aprendemos que Dios nos da poder para vivir una vida piadosa.*
- Juan 10:10: «El ladrón no viene más que a robar, matar y destruir; yo he venido para que tengan vida, y la tengan en abundancia». *Aprendemos que en el corazón de Jesús para nosotras está darnos vida abundante.*
- Filipenses 4:6: «No se inquieten por nada; más bien, en toda ocasión, con oración y ruego, presenten sus peticiones a Dios

y denle gracias». *Aprendemos que Dios anhela que experimentemos la paz a través de Él.*

Cuando oramos las Escrituras, descubrimos lo que Dios desea para nosotros. ¡Y resulta que no es un Mercedes, una casa en la playa ni un yate! Dios quiere que experimentemos una vida que de veras es vida (Juan 10:10), y en las Escrituras descubrimos cómo es eso.

INSPIRACIÓN DE LA NOCHE

Hay varios libros de oraciones populares que nos enseñan cómo hablar con Dios. *En pos de lo supremo*, de Oswald Chambers, es uno. *Jesús te llama*, de Sarah Young, es otro. Tal vez tengas un libro de oraciones que te ayude a hablar con Dios.

Jesús tenía un libro de oraciones. No estaba encuadernado en cuero rosa con costuras decorativas. No estaba impreso en espiral. Ni siquiera era un libro que pudiera llevar en su bolso de hombre. ¡Las oraciones de Jesús eran el libro de los Salmos!

Los salmos son ricos en pasajes que se pueden leer juntos como oraciones. Una de las oraciones más famosas de ese libro es el Salmo 23. Óralo esta noche.

> El Señor es mi pastor, nada me falta;
> en verdes pastos me hace descansar.
> Junto a tranquilas aguas me conduce;
> me infunde nuevas fuerzas.
> Me guía por sendas de justicia
> por amor a su nombre.
>
> Aun si voy por valles tenebrosos,
> no temo peligro alguno
> porque tú estás a mi lado;
> tu vara de pastor me reconforta.

Dispones ante mí un banquete
en presencia de mis enemigos.
Has ungido con perfume mi cabeza;
has llenado mi copa a rebosar.

La bondad y el amor me seguirán
todos los días de mi vida;
y en la casa del Señor
habitaré para siempre.

Si no estás segura por dónde empezar, puedes hacerlo leyendo estos salmos para tu tiempo de oración: Salmo 16; 23; 51; 121; 139. Me emociona que experimentes la belleza de orarle a Dios su Palabra.

Mi oración

RENDICIÓN

Hoy consideraremos cómo debemos
rendirnos a Dios.

MEDITACIÓN DE LA MAÑANA

¿Te has perdido en tu búsqueda de una oración perseverante y frecuente? Hoy es tu día. Presiona el botón de reinicio y ten una charla con Jesús. Hoy nuestro viaje de oración nos hace rendirnos a Dios; entonces, ¿por qué no usar nuestro modelo de oración para iniciar una conversación con Dios que termine con tu entrega a Él?

Ahora, solo continúa la conversación con el Padre. Mantén la palabra *rendición* en tu corazón durante este día como un recordatorio para someterte a Él en todo momento.

REFLEXIÓN DE LA TARDE

Dios nos invita a orar de tal manera que asuste lo que nos
asusta dentro de nosotras. Si no haces el tipo de oraciones
que te asustan, de seguro que no asustan al enemigo.
Lisa Bevere, autora y maestra

¿Estás orando a lo *grande*? ¿Le estás pidiendo a Dios lo imposible? A veces, tus oraciones *deberían* asustarte.

Déjame contarte algo. Hace poco, me sentí culpable. Culpable por no haber confiado plenamente en Dios ni haber orado expectante

porque pensé que era más fácil orar en pequeño y no decepcio-
narme al arriesgarme a hacerlo en grande y creer que Dios podría
manifestarse. Dios me condenó por limitar su pleno poder en mi
vida como resultado.

Al igual que me lo pide a mí, te pide a ti que te arriesgues a decep-
cionarte si la recompensa potencial es verlo hacer grandes cosas. Entonces, ¿qué tal si se lo pides y te dice que no? Porque recuerda, Él siempre
está diciendo que sí. Es posible que no veamos la imagen completa.

Rendirse significa correr riesgos. Y orar en grande es arriesgarse.

PUNTO DE PARTIDA PARA TU ORACIÓN

Querido Dios, eres poderoso. Puedes hacer lo imposible.
También sé que eres paciente. Gracias, Señor, por ser
paciente conmigo.

INSPIRACIÓN DE LA NOCHE

Las grandes personas no hacen grandes cosas.
Dios hace grandes cosas a través de la gente rendida.
Jennie Allen, autora y maestra

Tu vida de oración representa tu voluntad de entrega. Tus oraciones
le dicen a Dios que estás dispuesta a confiar en Él para obtener un
resultado en lugar de depender de ti misma.

La clave es orar por todo. Lo grande y lo pequeño. Lo especial y
lo normal. Luego, levántate de tu oración y actúa como si creyeras
que Dios puede resolverlo.

Sé que tienes grandes sueños. Sé que tienes grandes deseos.
Sé que quieres confiar en Él para lo imposible.

Dios puede hacer más que cualquier cosa que puedas pedir o
pensar. No renuncies a tus oraciones. Y no recojas lo que le entregaste de rodillas.

Ora con entrega. Vive rendida. ¡Míralo hacer grandes cosas!

Este nivel de fe te motivará a orar incluso cuando no veas una salida sensata a través de esto ni a su alrededor.

Este nivel de fe te ayudará a darte cuenta de que el objetivo de la oración es reconocer que no tienes las respuestas.

Oras porque eliges creer que Él las tiene.

Y oras porque eliges confiar en Él entre donde estás y donde quieres estar.

Clama a Él. Te responderá. Y te dirá cosas que no sabías.

Puede que no sea hoy. Puede que no sea mañana. Puede que no sea el año que viene. Sin embargo, visto en retrospectiva siempre es perfecto, y verás que su mano invisible siempre estuvo presente si confías en Él paso a paso.

Confía.

Ora.

¡Ríndete!

Entonces, espera.

Él responderá.

Mi oración

FAMILIA Y AMISTADES... Y TU FE

Hoy nos centraremos en hacer crecer tu fe en Dios.

MEDITACIÓN DE LA MAÑANA

Mi oración es para que te hayas animado esta semana a arriesgarte a confiarle a Dios tus deseos, tus sueños y hasta tu desánimo.

La oración de hoy será diferente a la de los días anteriores. Ahora vas a intentar unir todas las partes de la oración al mismo tiempo. Sé que esto puede ser elemental para algunas y muy importante para otras, pero de cualquier manera, ¡está bien! Como nos hemos tomado un tiempo para reducir la velocidad y concentrarnos en cada oración de manera individual, vamos a juntarlas.

1. Dedica al menos cinco minutos a la oración. Algunas de ustedes pensarán que cinco minutos no es suficiente para emprender la oración y relacionarnos con Dios. Y otras pensarán que cinco minutos es una eternidad. No importa. Solo ora.

2. Lo tienes todo para la ORACIÓN: Alaba y da gracias, arrepiéntete, pide, ríndete.

3. Luego, envíale un mensaje de texto a una amiga para decirle que oraste y anímala a que haga lo mismo. Podrías enviarle un mensaje de texto como: «Hoy oré. ¿Y tú?». Esta también es una gran oportunidad para preguntarle a tu amiga cómo puedes orar por ella.

Habla con Dios en el cielo, a quien le encanta escuchar de ti. Después, anima a alguien que te importe a que haga lo mismo.

REFLEXIÓN DE LA TARDE

Él recompensa a los que lo buscan con sinceridad.
Hebreos 11:6, NTV

¿Puedes creerlo? ¿Lo crees? Si de veras creyeras en esta verdad, ¿cómo influiría eso en la forma en que oras, en la cantidad de tiempo que oras y en lo que oras?

¿Cómo sabes que tu nivel de fe actual le agrada a Dios? ¿Qué crees que significa buscarlo con sinceridad? ¿Haces eso en realidad?

Escribe tus respuestas en el espacio provisto al final de este día o hazlo en tu diario.

Ahora mismo. Solo haz una pausa y ora. Recuerda el acrónimo ORAR y encuentra algo, cualquier cosa, de qué hablar con Él. Deberías ser capaz de encontrar algo por lo cual darle gracias, buscar el arrepentimiento, pedir o reafirmar tu disposición a rendirte y entregarte.

Luego, tómate un momento, si aún no lo has hecho ya, para orar por alguien que te haya comentado alguna preocupación o una petición de oración.

Nunca dudes de lo que puede hacer una oración.

INSPIRACIÓN DE LA NOCHE

La oración no es para recordarle a Dios cuáles son
tus problemas, sino que la oración es para recordarle
a tus problemas quién es Dios.

¿Puedo contarte algo? No solo hablo con Dios cuando oro. Dependiendo de la necesidad, puedo montar algunas rabietas, derramar algunas lágrimas, hacerle un montón de peticiones, quejarme un poco y decirle directamente que estoy loca. También decido darle gracias, pensar en quién es Él, pensar menos en mis problemas, reflexionar sobre cómo lo he lastimado y tomar algunas decisiones difíciles sobre cómo entregar varios aspectos de mi vida.

Por eso siempre me desconcierta un poco cuando la gente dice que la oración es aburrida. ¿Qué? Si es aburrida, ¡es posible que no la hagas bien! A Dios le importa todo lo que hay en tu corazón: tu ira, tu tristeza, tus peticiones y hasta cualquier cosa por la que te estés quejando. Todo en tu vida, cada momento del día, cada preocupación o inquietud, cada risa, cada victoria, le importa a Dios.

Cuando hablamos con Dios en oración, cambia nuestro enfoque. Aparta nuestros ojos de nosotras mismas, de nuestras luchas, de nuestra incompetencia, y las coloca en quien de veras tiene el poder de cambiar nuestras circunstancias.

Los lunes nos dedicamos a darle gracias a Dios y a alabarlo. ¿Y sabes qué? Concentrarme en lo que está bien con Él me ha ayudado a enfocarme menos en lo que no está bien *conmigo*. Hay algo en la oración. No solo se trata de si la oración cambia mi situación. También se trata de cómo me cambia la oración.

No te preocupes. Dios nunca está ciego a tus lágrimas. Nunca hace oídos sordos a tus oraciones. Y nunca guarda silencio ante tu dolor. Él ve. Él escucha. Y Él te librará.

A medida que continúas practicando la oración, haciéndola bien algunos días y relajándote en otros, fortaleces los músculos de tu corazón mientras profundizas tu relación con Dios.

Mi oración

DESAFÍOS DEL SÁBADO

Hoy oraremos por las necesidades de nuestro mundo.

MEDITACIÓN DE LA MAÑANA

Los sábados durante nuestro viaje de oración, hemos orado en círculos concéntricos en expansión por los que Dios ama en nuestros vecindarios, comunidades, nación y mundo. Esta mañana, el último sábado de nuestro viaje, oraremos por los diferentes pueblos del mundo.

Génesis 1:27 declara: «Dios creó al ser humano a su imagen; lo creó a imagen de Dios. Hombre y mujer los creó». Esta afirmación radical significa que cada individuo tiene dignidad, valor y mérito porque refleja la imagen santa de Dios.

A los ojos de Jesús, cada persona importa.

Si bien la hermosa diversidad de pueblos y culturas de este planeta no tiene fin, esta mañana puedes cerrar los ojos y dejar que tu imaginación te lleve por todo el mundo. Al «orar a través del mapa», preséntale a Dios personas que viven en todos los continentes, personas de todos los colores y personas que hablan todos los idiomas.

- África
- Asia
- Australia
- Europa

- Norteamérica
- Sudamérica

¿Hay alguna nación o pueblo en particular que Dios haya puesto en tu corazón? ¿Te apasiona una cultura en particular? Sigue orando por esos preciosos hoy.

PUNTO DE PARTIDA PARA TU ORACIÓN

Amado Dios, elevo a ti al pueblo de _____.
Derrama tus bendiciones sobre ellos.

REFLEXIÓN DE LA TARDE

Esta tarde oraremos por la paz en este planeta.

El profeta Isaías revela: «[Dios] juzgará entre las naciones y será árbitro de muchos pueblos. Convertirán sus espadas en arados y sus lanzas en hoces. No levantará espada nación contra nación, y nunca más se adiestrarán para la guerra» (Isaías 2:4). Sabemos que el corazón de Dios está por la paz entre las naciones.

- Señor, te ruego que reines en la tierra como lo haces en el cielo. Eres el juez supremo de las naciones, los gobernantes y los pueblos.
- Señor, te ruego por los que gobiernan las naciones de esta tierra. Concédeles sabiduría y pasión por la paz. Equípalos para que se reconcilien en lugar de hacer la guerra.
- Señor, dales a los pueblos del mundo amor unos por otros. Enséñanos a amar a los de otros continentes, países y culturas. Y convence a nuestros corazones para practicar el amor por todos los que están cerca.

Si te sientes inadecuada para una tarea tan importante como orar por el planeta, ¡lo entiendo! Es grande. Sin embargo, gracias a Dios, el poder de tus oraciones no depende de ti. La obediencia para orar depende de ti, pero tus oraciones son poderosas porque oras en el nombre, la fortaleza y el poder de Jesús. Nunca dudes de lo que puede hacer una oración.

> En medio de mi angustia invoqué al Señor; el Señor
> me respondió y me puso en un lugar espacioso.
> *Salmo 118:5, LBLA*

INSPIRACIÓN DE LA NOCHE

En Génesis 1:28, Dios «bendijo [a Adán y Eva] con estas palabras: "Sean fructíferos y multiplíquense; llenen la tierra y sométanla; dominen a los peces del mar y a las aves del cielo, y a todos los reptiles que se arrastran por el suelo».

Dios les ordenó a Adán y Eva que tuvieran dominio sobre la tierra. Y esa autoridad les exigió, y nos exige a nosotras, que seamos administradores fieles del planeta. Esta noche, tal y como te guíe Dios, ora por el mundo natural que creó Él.

Ora por un aspecto de la creación de Dios ahora mismo:

- Los mares y las aguas
- La tierra, el suelo y los recursos naturales de la tierra
- El ambiente y el sol
- Los animales que vuelan, caminan, se arrastran, reptan y nadan
- ¡El pueblo!

¿Qué esfera del cuidado de la creación ha puesto el Señor en tu corazón para continuar orando?

Amiga, solo nos queda un día en nuestro viaje de oración.

Espero que hayas sido bendecida.

Pero ahora, quiero que empieces a pensar en algo. Si bien sabes que puedes orar a Dios en cualquier momento y en cualquier lugar, que debes orar sin cesar, que la oración solo es una comunicación abierta y sincera con Dios, piensa dónde y cuándo orarás a propósito.

¿Dónde está tu lugar para orar? ¿Cuándo es tu momento para concentrarte en la oración y darle a Dios toda tu atención, de volver tus ojos a Jesús y mirar de lleno su maravilloso rostro?

Si no tienes un lugar ni un momento, piensa en dónde y cuándo podrías tenerlos. Al igual que cualquier relación que necesita cultivarse, en ocasiones tienes que establecer un horario para tener un tiempo cara a cara, intencional e ininterrumpido.

Entonces, ¿dónde está tu lugar y cuándo es tu momento? No dejes que este viaje termine sin un plan.

Mi oración

ORACIONES DEL DÍA DE DESCANSO

*Hoy nos comprometeremos
a continuar en la oración.*

MEDITACIÓN DE LA MAÑANA

Más de un millón de personas vieron la película *Cuarto de guerra* en su semana de estreno. Al finalizar nuestro viaje de oración, reflexiona sobre el movimiento de oración que inició esta película. Despertó algo en lo profundo de los corazones y las almas de quienes la vieron y provocó que la gente orara, o que orara de manera más ferviente que en el pasado.

¿Qué sucedería si esa chispa en el pueblo de Dios nunca se apagara y nos tomáramos en serio la oración? ¿Qué sucedería si el pueblo de Dios entendiera cuánto podemos lograr al hablar con Dios sobre nuestros problemas, deseos y preocupaciones? Piensa en esto por un segundo. ¿Qué ha sucedido en ti durante este viaje?

¿Eres más consciente del tiempo que pasas hablando con Dios? Eso espero. Ahora bien, ¿qué harás para asegurarte de seguir siendo consciente de ese tiempo después que dejes de usar este libro para recordatorios diarios?

Si no creas una práctica sólida, se desvanecerá la motivación que encontraste en este viaje. Debes comprometerte a practicar la oración.

Me encanta que una de mis amigas pone su reloj para que suene cada hora a fin de recordarle que debe hablar con Dios. ¿Qué puedes hacer para adoptar un estilo de vida de oración? ¿Cómo puedes motivarte a fin de concentrarte en tu vida de oración después de hoy?

Pídele a Dios que te muestre cómo mantenerte despierta y consciente de tu vida de oración.

REFLEXIÓN DE LA TARDE

¿Es la oración tu volante o tu neumático pinchado?
Corrie ten Boom, escritora

¿Y qué me dices de ti? ¿Es la oración tu volante o tu neumático pinchado?

Si esperas hasta que te enfrentes a los desastres de la vida para orar, Dios te escuchará de todos modos. Sin embargo, la oración tiene el poder de ser mucho más.

Si haces de la oración el volante de tu vida, si desarrollas la disciplina de la oración y con regularidad tienes una comunicación abierta y sincera con Dios, te pondrás en una mejor posición.

Te preguntas: ¿Posición para qué? Bueno, si la oración no solo es hablar con Dios, sino que Dios te responde, puedes tener acceso a la comodidad y a la calma, incluso si alguien te arruina los sueños al quitarte su apoyo.

Cuando incluyes a Dios en tu vida escuchando la oración, cuando surgen problemas, no te preguntarás si estás en su voluntad, en comunión con Él o en su gracia.

Una cosa es pasar por una tormenta en medio de una relación inestable. En cambio, es una locura pasar por una tormenta en una relación sólida construida a lo largo del tiempo para superar las dificultades.

Cuando oras, junto con la lectura de su Palabra, y caminas en obediencia, construyes el barco que te llevará a través de los buenos y los malos tiempos. Cuanto más esfuerzo le dediques a construirlo antes de necesitarlo, más segura estarás en la tormenta. ¿A qué me refiero? Ora porque debes hacerlo. Ora porque es lo mejor para ti. No esperes hasta que el desastre te lleve a orar de rodillas.

Entonces, cuando llegan los tiempos difíciles:

Ora más fuerte cuando es más difícil orar.

A la mayoría de nosotras nos cuesta orar cuando es difícil, cuando por lo que oramos no sucede, cuando creemos que no servirá de nada o cuando sentimos tanto dolor que no podemos dar un paso más, y mucho menos caer de rodillas.

Ahí es cuando quiero que recuerdes más este viaje. Cuando orar sea lo más difícil. Cuando orar sea lo último que quieras hacer.

En ese momento, amiga mía, es justo cuando más necesitas orar.

PUNTO DE PARTIDA PARA TU ORACIÓN

Querido Dios, no he estado orando porque _____ ha sido muy difícil. Ayúdame a hacer un alto para hablar contigo de todos modos.

INSPIRACIÓN DE LA NOCHE

Antes de dormir, ORA.
Cuando te despiertes, ORA.
Cuando la vida se pone difícil, ORA.
Cuando estés feliz, ORA.
Cuando estés insegura, ORA.

Han pasado veintiocho días. Así que este es solo el último día en el que juntas oramos tú y yo, no el final de tu llamado a orar sin cesar. Cada día, se te presenta un desafío personal. Cada día, se te extiende una invitación. Tienes la oportunidad diaria de conversar con el creador del universo. Cada minuto de cada día. Puedes orar, en cualquier momento y en cualquier lugar. ¿Lo harás? ¿Decidirás seguir presentándote y tener una conversación con Dios, estando dispuesta y disponible cuando Él quiera hablar contigo?

Puesto que, amada, ese es el secreto. Presentarse. Comprobar. De eso se trata orar sin cesar.

Al igual que compruebas varias veces en las redes sociales para ver lo que te perdiste, puedes comunicarte con Dios para hablar sobre lo que sucedió en tu corazón desde tu última conversación.

Comprueba para ver si Él tiene alguna actualización para ti. La oración solo es una comunicación abierta y sincera con Dios. Sé que a veces la disciplina puede ser un poco difícil de mantener, pero vale la pena.

El desafío diario y continuo que te presento es el mismo desafío que yo misma me propongo: orar sin cesar. ¿Por qué? Porque esa es la única forma en la que podemos experimentar la plenitud de la vida que Él tiene para nosotras. Una vida vivida para Dios empieza cuando conversamos con Dios.

Comienza esa conversación todos los días.

LA CREACIÓN DE TU PLAN DE ORACIÓN
DÍA 29 Y MÁS ALLÁ

¡Llegaste al final de nuestro viaje! Felicitaciones por dedicarle tiempo y atención a tu conversación relacional con Dios. Estoy segura de que sabes que este no es el final de tus conversaciones con el Señor. Ahora es el momento de pensar en cómo puedes continuar con los hábitos que has creado durante las últimas cuatro semanas. No quiero dejarte aquí; quiero ayudarte a encontrar el mejor plan para mantener la oración como una prioridad en tu día a día.

Primero, pensemos en lo que más te ha obstaculizado. ¿Cuáles son tus mayores desafíos para estar en oración? ¿Es el tiempo? ¿Es una distracción? ¿Es el hecho de que lo olvidas? Analízalo y haz una lista.

Ahora bien, elabora formas sencillas de afrontar esos desafíos. Aquí tienes algunas ideas y sugerencias que pueden ayudarte mientras trabajas en tu lista:

- Si el tiempo es un problema, ¿necesitas levantarte diez minutos antes? Si te distraes con el teléfono, ¿puedes apagarlo y dejarlo en otra habitación? Si te das cuenta de que lo olvidas, ¿qué recursos sencillos pueden ayudarte a recordar la oración? Como guía, vuelve a mirar la reflexión del final de la primera semana (p. 43).

- ¿Algunas otras ideas fáciles? Compra una pizarra en la tienda de materiales de oficina y colócala donde la veas en tu casa u oficina. Anota algunas de las indicaciones de este libro de oraciones que te resultaran más útiles y repítelas con más frecuencia en el futuro.
- También puedes usar algunos palitos de helado, y escribir en cada uno cosas o personas por las cuales orar. Ponlos dentro de un frasco en algún lugar que frecuentes (como tu cocina) y saca uno cada vez que pases por allí y ora por lo que esté en el palito.
- Como nos enseñó mi hermana en la película *Cuarto de guerra*, puedes convertir un clóset en un lugar de oración. Puedes ser creativa en esto solo para que recuerdes que Dios está ahí y quiere hablar contigo.

Piensa en cómo te han cambiado los últimos veintiocho días. Haz otra lista de lo que aprendiste y cuélgala para que recuerdes el poder y el propósito de la oración. Dios usa nuestro tiempo con Él para hacernos crecer y madurar en nuestra fe. El Señor toma nuestras conversaciones con Él y nos enseña cada vez más acerca de su fidelidad. Nos invita a conocerlo de una manera aún más profunda. Irrumpir en las puertas del cielo en nombre de los demás evita que nos quedemos atascadas en el ciclo interminable de enfocarnos en nosotras mismas (ejem, yo…) donde podemos quedarnos atrapadas. Tener el motivo de oración en algún lugar donde puedas verlo te seguirá animando a que te detengas para hablar con el Señor.

Piensa también en alguien a quien puedas invitar a tu plan. Tal vez tengas una amiga o esposo, alguien que sepas que es un guerrero de oración. Pídele que te ayude a seguir en tu camino de ser ferviente y constante en la oración.

La oración es nuestro medio hacia la relación con Dios. Al igual que cualquier relación, nuestra relación con Dios requiere tiempo, intencionalidad y depósitos constantes de nuestro corazón mientras escuchamos el suyo. No permitas que la distracción o el olvido te desvíen; solo retoma la relación con Él donde la dejaste. Él está listo y dispuesto a escuchar, y quiere hablar contigo, sin importar cuánto tiempo haya pasado. Estos últimos veintiocho días solo fueron un comienzo para ti y para mí, un empujón en la dirección adecuada, y lo único que necesitamos ahora es seguir adelante en lo que Dios quiere continuar haciendo en nosotras, y a través de nosotras y nuestras oraciones.

¿Mi oración por ti?

Oro para que esta guía te haya ayudado a comenzar o reiniciar tu viaje de oración, y para que continúes disfrutando del viaje mientras entablas conversaciones maravillosas con un Dios al que le encanta conversar contigo.

DIRECTORIO DE ORACIÓN

Mi esperanza es que hayas experimentado los beneficios de hablar con Dios y que conozcas de primera mano el valor de priorizar tu tiempo de oración. Ya sea que tu viaje de oración haya resultado en oraciones contestadas, un sentido más profundo de la presencia de Dios, o la liberación de ansiedad y preocupación innecesarias, la conversación con Dios es una bendición para ti, cuando la usas.

Sin embargo, entiendo que, para muchas personas, orar de manera cómoda y con confianza requiere tiempo. Aunque creo de todo corazón que este viaje de veintiocho días ayudará con esto, quiero ofrecerte algunas oraciones para que continúes, en caso de que necesites un lugar para comenzar. Si completaste el viaje de veintiocho días, no quiero dejarte abandonada mientras sigues en tu relación con Dios. Quiero ayudarte a crecer en el aprendizaje de lo que debes hablar con el Señor al darte algunas oraciones que puedes usar, en un día cualquiera, para lo que sea que estés enfrentando o para lo que veas en lo que luchan otros.

En esta sección del libro, he agrupado algunas oraciones sencillas que puedes hacer y algunas referencias de las Escrituras que puedes considerar fácilmente como una fuente de consuelo y como palabras para presentárselas a Dios. Escríbelas en pósits y pégalas en tu automóvil o en tu escritorio, y utilízalas como simples recordatorios de que Dios es real y está muy cerca.

ORACIÓN POR GOZO Y CONTENTAMIENTO

Dios, quiero estar satisfecha… satisfecha contigo y satisfecha con la vida que me has dado. Quiero ser una persona rebosante de gozo, y estar contenta con lo que tengo mientras espero lo que quiero. Sin embargo, para ser sincera, muchos días no siento gozo y, a menudo, tengo un profundo descontento arraigado en mi vida. ¿Me enseñarías cómo acceder al gozo que ofreces, y a caminar con alegría y satisfacción con todo lo que me has dado? ¿Me mostrarías todas las cosas en mi vida por las que puedo sonreír, y abrirías mis ojos a todo lo que me has proporcionado para que pueda ver que me has dado todo lo que necesito? No quiero ser una persona que se queja y se aflige por lo que no está bien o por lo que no tengo. Quiero que seas la fuente de mi gozo y contentamiento, porque tú, el Dios del universo, eres para mí, y en ti tengo todo lo que necesito.

PASAJES BÍBLICOS PARA REFLEXIONAR:
Salmos 16:11; 34:10b; 47:1; 95:1-2; Romanos 15:13; Filipenses 4:11-13; Gálatas 5:22-23; 1 Timoteo 6:6-12; Santiago 1:2

ORACIÓN POR LOS DÍAS DIFÍCILES

Querido Señor, el día de hoy es una batalla. La vida es difícil ahora mismo. Conoces todos los detalles. Conoces todas mis preocupaciones. Sabes cómo el enemigo me ataca en este lugar. Señor, ¿me enviarás recordatorios de tu presencia y amor? Cuando mi alma esté inquieta y ansiosa, ¿me darás paz? Cuando no tenga fuerzas, ¿serán mías las tuyas? Dios, a veces ni siquiera puedo hacer una oración, sino que solo puedo decir una palabra: ayuda. Permanece muy cerca, y aunque mis circunstancias no cambien, muéstrame tu poder para sostenerme.

ORACIÓN POR SABIDURÍA

Dios, tengo muchas decisiones que tomar y ninguna parece sencilla. Quiero hacer lo bueno y tomar medidas hoy de las que no me tenga que arrepentir más adelante, y quiero tu ayuda para llegar a las mejores conclusiones posibles. En la Biblia, Salomón te pidió sabiduría y te complaciste con su petición. Tu Palabra también dice que el temor del Señor es el principio de la sabiduría, así que empiezo contigo, Dios. Por favor, toma mi deseo de honrarte con mi vida y mi deseo de obedecer tu Palabra, y guíame hacia el mejor plan de acción. Permite que mis decisiones y acciones traigan gloria a tu nombre y que con el tiempo obren para ti, Dios mío. Confío en que me conduzcas, me guíes y me dirijas. Dame discernimiento cuando lo necesite y ordena mis pasos de acuerdo a tus propósitos para mi vida.

ORACIÓN POR EL MATRIMONIO

Amado Señor, mi matrimonio es un gran desafío en este momento. Estoy cansada de las discusiones, de los desacuerdos, de la soledad y del dolor. Quiero que mi matrimonio sea un testimonio de lo que puedes hacer en la vida de una pareja. Quiero que conviertas nuestra relación en algo que ni yo ni mi esposo podríamos haber imaginado. Por favor, ayúdame a ser amable con mis palabras y acciones. Muéstrame lo que amas de mi cónyuge y ayúdame a amarlo mejor. Pero también, Dios, ¿puedes plantar un deseo en el corazón de mi esposo de querer lo mismo? ¿Puedes hacernos desear la unidad porque eso es lo que quieres para nosotros? ¿Podrías guiarnos por separado y juntos hacia personas, lugares o recursos que nos ayudarán a crecer en nuestra conexión mutua a medida que crecemos en ti? Convénceme de lo que necesito cambiar, desafíame cuando debo estar quieta y callada, y mantenme paciente mientras hago lo que puedo y luego espero a que tú hagas el resto. Escucha a mi corazón, oh Dios.

PASAJES BÍBLICOS PARA REFLEXIONAR:
Proverbios 5:18-19; 12:4; 18:22; Mateo 19:4-6;
Efesios 5:22-33; Colosenses 3:18-19

ORACIÓN POR LA SOLTERÍA

Amado Dios, sé que estar soltera puede ser algo bueno, pero en este momento no se siente bien. Quiero casarme y estoy cansada de esperar mi turno para conocer el amor y el compromiso. A decir verdad, con frecuencia me pregunto: «¿Por qué no yo?». Te amo y hago todo lo posible por servirte. No estoy segura de entender por qué permites que permanezca soltera cuando mi corazón desea una relación. Dicho esto, quiero continuar trayéndote mi deseo y, luego, buscarte para conectarme y disfrutar de la comunidad de creyentes que me has dado. Ayúdame cuando me sienta sola. Guíame hacia nuevas relaciones y amistades que me den oportunidades de servir a los demás y de ser servida por otros. Enséñame a estar satisfecha contigo, incluso mientras te pido mis deseos relacionados con personas con las que trato en mi mundo físico todos los días. Guíame mientras busco maximizar el tiempo y la libertad que tengo, y participar a plenitud en mi temporada de soltería.

PASAJES BÍBLICOS PARA REFLEXIONAR:

Josué 1:5-6; Salmos 25:16; 119:9-10; 139:7-10; Cantares 2:7; 3:5; 8:4; Eclesiastés 3:1-8; Isaías 41:10; 43:2-3; Mateo 6:33; Romanos 12:1; 1 Corintios 7:7-8; 7:34; 2 Corintios 6:14; Tito 2:6

ORACIÓN POR LA AFLICCIÓN

Amado Jesús, esta pérdida es muy dolorosa. Sé que comprendes más que nadie lo que es sentir de manera tan profunda las heridas del dolor. Desearía que la pérdida no tuviera que ser parte de la vida. Es muy difícil. La tristeza es muy intensa y la desilusión es muy pesada.

A veces, no sé de veras si podré seguir adelante. Cada paso es muy difícil y requiere mucho esfuerzo. Además, Señor, tengo preguntas. No entiendo por qué permitiste que la persona que amaba tanto muriera cuando lo hizo o como lo hizo. Lo cierto es que necesito tu consuelo ahora mismo. Ayúdame a ver y sentir tu cuidado por mí en este valle. Enséñame lo que quieres que aprenda de mi dolor. Rodéame de personas que me amen y puedan caminar conmigo a través de esto. Al recibir consuelo de los demás, dame ojos para ver quién a mi alrededor también necesita recibir consuelo. Dios, por favor, sana mi corazón roto.

PASAJES BÍBLICOS PARA REFLEXIONAR:

Salmos 34:18; 73:26; 147:3; Isaías 53:4-6; Mateo 5:1-4; Juan 14:1; 2 Corintios 1:3-6; Apocalipsis 21:4

ORACIÓN POR EL PERDÓN A OTRA PERSONA

Señor, tú sabes cómo me lastiman. Escuchaste lo que dijeron y viste lo que hicieron. También sabes cómo me han herido el alma. Sé que se supone que debo perdonarlos. Sé que la Biblia me dice que perdone, y he escuchado a muchas personas hablar sobre la libertad que experimentaré cuando lo haga. Aun así, me cuesta mucho hacerlo. El dolor sigue ahí. La ira todavía está presente. Las lágrimas se derraman aún. Por eso, hoy vengo a ti de nuevo para ser sincera contigo acerca de mis sentimientos, pero también para decirte que libero a esas personas de lo que me hicieron. Decido dejarlas libres de culpa por haberme lastimado. Aunque mis emociones pueden necesitar un tiempo para recuperarse, y aunque el perdón no signifique que mi compromiso o nivel de relación con ellas permanezca igual, te traigo mi intención de perdonarlas. Ayúdame a seguir perdonando porque tú también me perdonas. Ayúdame a caminar con un corazón perdonador, a fin de que pueda ser libre para amar, libre para sentir, libre para experimentar todo el gozo que tú deseas darme. Gracias por tu ayuda, Señor.

PASAJES BÍBLICOS PARA REFLEXIONAR:
Salmo 86:5; Mateo 6:12, 14-15; Marcos 11:25; Lucas 6:37; 17:4; 2 Corintios 2:5-8, 10; Efesios 4:32; Colosenses 3:13

ORACIÓN POR EL DESEO DE ORAR O LEER LA PALABRA DE DIOS

Padre, sé que estar en tu Palabra y tener una vida de oración activa son esenciales para estar conectada a ti. Me has dado la oración para mi beneficio. Me arrepiento de mi falta de oración. Quiero pasar más tiempo en tu Palabra y en comunicación contigo. En este momento, no tengo el deseo de orar como debería, así que aumenta mi deseo de pasar tiempo a tu lado, Señor. Ayúdame a desarrollar el fruto del dominio propio cuando mi mente divague o se distraiga. Quiero honrarte y complacerte con todo mi corazón, toda mi alma, toda mi mente y todas mis fuerzas. Gracias por encontrarme contigo aquí.

PASAJES BÍBLICOS PARA REFLEXIONAR:
Salmo 27:4, 8; Mateo 6:6; 26:41; Juan 15:4; Hebreos 4:12-13; 11:6

ORACIÓN POR EL DOMINIO PROPIO

Padre Dios, ayúdame a practicar el dominio propio sobre mi mente, cuerpo y espíritu. Ayúdame a llevar cautivo todo pensamiento que no esté alineado con la verdad de tu Palabra. Permite que tu Palabra se arraigue en mi corazón, mente y espíritu de modo que pueda recordar tu verdad en todas las circunstancias. Ayúdame a resistir las tentaciones de la carne y a vigilar lo que ven mis ojos, lo que escuchan mis oídos, lo que dice mi boca y hacia dónde van mis pies. Ayúdame a controlar mi boca, que a menudo quiere pronunciar juicios y palabras desagradables. Tu Palabra dice que la lengua tiene poder de vida y muerte. Ayúdame a usar mis palabras para alentar, animar y hablar la verdad en adoración a ti. Con la ayuda de tu Espíritu Santo, ayúdame a presentar mi cuerpo como un sacrificio vivo, santo y honorable. Gracias por darme la gracia de vencer la carne y ejercer dominio propio.

PASAJES BÍBLICOS PARA REFLEXIONAR:
Proverbios 18:21; Romanos 7:25; 12:1-2; 1 Corintios 6:19-20; 10:13; Filipenses 2:3-5; 4:8-9; Santiago 1:19-21

ORACIÓN POR EL DESCANSO

Señor, te agradezco que en un mundo tan ocupado y a menudo apresurado, pueda encontrar descanso en ti. Te agradezco que no me tengan que agobiar todas las necesidades y responsabilidades que debo cumplir. Puedo ir a ti, Padre, y entregarte todas mis cargas y, a cambio, tú me darás descanso. Ayúdame, Padre, a no esperar hasta que las cosas se vuelvan abrumadoras y caóticas antes de entrar en el descanso que has prometido.

PASAJES BÍBLICOS PARA REFLEXIONAR:
Isaías 40:31; Mateo 11:28-29; Hebreos 4:9-11

ORACIÓN POR LA AMISTAD

Señor, has sido el mejor amigo para mí. Reconozco mi deseo y necesidad de amistades inspiradoras. Mujeres en las que apoyarme, mujeres que nos animemos las unas a las otras, mujeres para reír y llorar juntas y todo lo demás. Sé que te preocupas por mí y te pido que me guíes a las amistades adecuadas.

Ayúdame, Espíritu Santo, a ser la clase de amiga que tú quieres que sea para quienes me rodean: amorosa, amable, sincera, sabia, fiel y comprometida. Muéstrame las mujeres que necesitan que las vean, escuchen y les presten atención.

Ayúdame a elogiar a las personas especiales que ya pusiste en mi vida y a no darlas por sentadas. Ayúdame a atender sus necesidades como Cristo me sirve, edificándolas de todas las formas posibles. Recuérdame dar gracias a menudo, perdonar con libertad y amar de manera profunda.

PASAJES BÍBLICOS PARA REFLEXIONAR:
Proverbios 17:17; 27:9; Gálatas 5:13; 6:2; Colosenses 4:12-15;
Hebreos 10:24-25

ORACIÓN POR LA COMUNIDAD

Padre celestial, gracias por el regalo de la comunidad. Reconozco que a menudo paso por alto las comunidades en las que estoy, pero sé que tú no pretendes que existamos solas. Estamos mejor juntas y tú quieres que estemos así. Ayúdame a ver y reconocer siempre tus buenas obras en las personas que forman mi comunidad. Por favor, cubre y protege a mi comunidad de enfermedades, daños, peligros, negatividad y divisiones. Permite que sea un lugar de prosperidad, bondad y amor donde brille tu omnipresencia. Te pido que nos hagas crecer como uno y nos acerques de forma colectiva a ti. Permíteme ser de bendición para quienes me rodean. Ayúdame a servir a mi comunidad de una manera que les permitas a todos que te vean a través de mí.

PASAJES BÍBLICOS PARA REFLEXIONAR:
Proverbios 27:17; Marcos 12:31; Romanos 12:5, 16

MOTIVACIONES PARA LA ALABANZA

Cuando entras en su presencia con alabanzas, Él entra en tus circunstancias con poder.

La alabanza y la acción de gracias son partes importantes de nuestra comunicación con Dios. A veces, la acción de gracias nos parece más fácil que la alabanza. La acción de gracias tiene que ver con lo que Dios ha hecho por nosotras, pero la alabanza no tiene absolutamente nada que ver con nosotras. La alabanza es reconocer quién es Dios y maravillarse de sus cualidades excepcionales. La alabanza significa centrarse en Dios por su causa, no por la nuestra. Sin embargo, aquí tienes la bendición de la alabanza que no es egocéntrica: Dios habita en las alabanzas de su pueblo (Salmo 22:3).

Nuestra capacidad para alabar quién es Dios está determinada por lo que sabemos acerca de Él y lo que entendemos de su carácter. He descubierto que muchas personas se sienten intimidadas por el concepto de alabar a Dios, pues no saben por qué alabarlo más allá de que sea bueno o misericordioso.

Dios es muy grande, y hay partes asombrosas de su carácter que podemos llegar a conocer y luego ser capaces de admirarlo de nuevas maneras.

La belleza de alabar a Dios es que cuando nos involucramos a menudo y de manera constante a este aspecto de la oración, nos centramos en quién es Dios *solo porque* Dios se acerca a nosotros. Alabar a Dios porque Él se convierte en una bendición para nosotras. Cuando le decimos lo grandioso que es, ya sea que podamos ver los beneficios o no, podemos descansar sabiendo que nos beneficia cuando lo vemos como es en realidad.

Cuando alabamos a Dios, Él se engrandece más. Y a medida que Dios se hace más grande ante nuestros ojos, nuestros problemas se hacen más pequeños. Cuando nos enfocamos en quién es Dios, vemos lo magnífico que es en comparación con nuestros problemas. Y Él se acerca.

Usa este día para alabarlo. Puedes tomar uno de los siguientes atributos de Dios ahora y guardar algunos para más adelante, o hacerlos todos a la vez. Incluso, puedes hacer tu propia lista de atributos. Cualquiera que sea la forma que elijas, piensa en esto: «Si Dios nunca hiciera otra cosa por mí, lo alabaría porque _____».

Utiliza la siguiente lista de atributos para reforzar tus oraciones. Incluí oraciones de alabanza para ayudarte a desarrollar este aspecto de tu vida de oración. Participa más tiempo en alabanzas sin apresurarte a hacer las peticiones. De seguro que el tiempo que dedicas a alabar a Dios profundiza tu relación con Él, y que a medida que crece tu relación con Dios, también serás bendecida.

DIOS ES OMNIPRESENTE

Dios está presente en todas partes, todo el tiempo. Y, por si fuera poco, Él nunca duerme (Salmo 121:3). Como Dios es un Dios presente, podemos ser valientes. Él siempre está ahí, y siempre está con nosotras (Proverbios 15:3).

Señor, gracias por ser un Padre omnipresente. Un Padre que siempre está aquí y allí. Estás aquí en el ahora, y allí en mi futuro y mis incógnitas. Estás conmigo en medio de las cosas difíciles, y estás conmigo para celebrar pequeños y grandes momentos. Gracias por tu promesa de que nunca me dejarás ni me desampararás. Puedo contar con el hecho de que tu presencia también significa que estás alerta y preocupado por las cosas que me conciernen, y que eres consciente de estas. Tu presencia me muestra que no estoy sola, sin importar lo que diga el enemigo. Eres Emanuel, Dios conmigo. Gracias por ser un Dios omnipresente (Isaías 46:9-10).

DIOS ES OMNISCIENTE

Dios lo sabe todo. Él es consciente de cada momento de cada día y sabe con exactitud a lo que nos enfrentamos. A. W. Tozer dice: «Dios se conoce perfectamente a sí mismo, y por ser la fuente y el autor de todas las cosas, de aquí se sigue que conoce todo cuanto se pueda conocer, y lo conoce de manera instantánea y con una plenitud de perfección que incluye todos los datos de conocimiento posibles con respecto a todo lo que existe, o habría podido existir en cualquier lugar del universo en cualquier momento del pasado, o que puede llegar a existir en los siglos o las edades que aún faltasen por venir». Debido a que Dios lo sabe todo, podemos confiar en Él. Dios sabe dónde estamos, hacia dónde vamos y qué necesitamos para atravesar lo que está en el medio. Él lo sabe todo. A dónde vamos. Lo que pensamos. Lo que hacemos y decimos. Su conocimiento es «sublime» (Salmo 139:1-6).

> Señor, me alegro mucho de que lo sepas todo, en especial porque hay tantas cosas que no sé. A veces, lucho con el temor, pues desearía tener la respuesta a muchas preguntas sobre mi vida y saber el resultado de mis situaciones. Te alabo porque eres Dios y lo sabes todo. Estoy agradecida de poder descansar en ti porque sabes dónde estuve, a dónde voy y dónde estoy ahora mismo. Tú ves los problemas y las soluciones, las bendiciones y las cargas, el principio y el final. Por favor, ayúdame

a confiar en ti cuando no pueda ver, solo porque creo que tú lo ves todo.

DIOS ES OMNIPOTENTE

Dios tiene todo el poder. No importa qué situación o tarea imposible enfrentemos hoy, nada es demasiado difícil para el Señor (Génesis 18:14).

Dios, me alegra saber que nada de lo que enfrento es demasiado grande o difícil. Te alabo por ser un Dios todopoderoso que no solo se preocupa por mí, sino que también puede hacer algo con las cosas que me preocupan. Me sorprende el poder que muestras al mantener el mundo físico en movimiento. También me sorprende el poder que muestras al mantener intacto mi mundo interior. Tú trajiste el mundo a la existencia. Tú me permitiste tener una existencia también. Tu fuerza y poder para hacer que el mundo sea, para hacer que mi mundo sea, son inigualables e irrepetibles. Estoy muy agradecida de que el Dios al que sirvo tenga el poder de hacer lo imposible. Ayúdame a confiar en tu poder cuando me sienta impotente.

DIOS ES ETERNO

Dios no tiene principio ni fin. No está confinado al tiempo. Eso significa que Él existió antes de que naciéramos y continuará existiendo después que termine nuestro tiempo en la tierra. Podemos confiarle nuestro pasado y nuestro futuro. Él toma todas las cosas en consideración, ya que obra en todas las cosas juntas para nuestro bien. Se sienta fuera del tiempo, algo que tú y yo no podemos hacer en nuestra humanidad. Él vive para siempre (Deuteronomio 32:40).

Padre, te alabo porque tu existencia no tiene principio ni fin. Te extiendes eternamente hacia lo que fue, lo que es y lo que vendrá. Mi mente humana ni siquiera puede empezar a comprender tu naturaleza eterna. Sé que tienes por completo mi pasado, mi presente y mi futuro en tus manos. Tu Palabra dice que «el eterno Dios es tu refugio, y debajo están los brazos eternos» (Deuteronomio 33:27, LBLA). Permíteme vivir con la confianza de saber que en tus manos tú sostienes segura toda mi vida, tanto aquí en la tierra como por la eternidad. Te alabo porque no estás limitado al tiempo y porque contigo no hay principio ni fin.

DIOS ES INMUTABLE

Dios nunca cambia. Aunque muchas cosas cambiarán en nuestra vida, Dios no es una de ellas. ¿No es bueno saberlo (Malaquías 3:6)?

Señor, este mundo cambia constantemente. En medio de todas las incertidumbres y cambios que enfrento todos los días, te alabo porque tú nunca cambiarás. Puedo descansar en el hecho de que eres el mismo ayer, hoy y siempre. Alabo el carácter inmutable de tu amor y tu naturaleza.

DIOS ES INCOMPRENSIBLE

Dios está más allá de nuestro entendimiento. Él sabe lo que está haciendo. Incluso cuando sus caminos no son claros para nosotras, ¡le alabamos porque siempre son claros para Él (Job 11:7; Isaías 55:8-9)!

Gracias, Padre, por ser incomprensible. Señor, a veces eso puede dar miedo, pero hoy elijo encontrar la paz de que sabes con exactitud lo que estás haciendo.

Y aunque no lo comprenda por entero, sé que todas las cosas les ayudan a bien a los que te aman y te buscan con diligencia. Te alabo porque tus caminos no son mis caminos y tus pensamientos no son mis pensamientos. Tus caminos y tus pensamientos son perfectos, y debido a que son perfectos, están más allá de lo que puedo comprender. Así que descanso en el hecho de que tú, el Dios incomprensible, tienes el control y sabes justo cómo manejar la vida que te he rendido y las vidas de los que me rodean.

DIOS TIENE EXISTENCIA PROPIA

Dios no depende de nada fuera de sí mismo para su existencia (Éxodo 3:14).

Dios Padre, en el principio estabas allí. No te crearon ni te formaron. Siempre has existido y sigues existiendo. Todo lo que existe en este mundo y en mí es porque tú existes. Sin ti no hay nada. No dependes de la comida, el agua ni ninguna otra cosa. Tú eres la vida. Tú eres amor. Y tú eres Dios. Te doy gracias porque tú *eres*, el yo soy. Debido a que eres la fuente de todo y no dependes de nada, puedo depender de ti sin preocuparme de que falles. No puedes debilitarte ni morir. Eres luz y eres Dios.

DIOS ES AUTOSUFICIENTE

Dios no necesita nada. No podemos darle nada que no sea suyo (Salmo 50:12).

Debes ser alabado en gran medida. Todo lo que tengo te pertenece. Todo en este mundo es tuyo. No hay nada que pueda darte que no tengas ya (Salmo 50:12). No hay nada que necesites de mí, ni siquiera _____.

Qué liberador es saber que estás complacido conmigo porque fuiste tú el que me creó para que sea, y no por nada de lo que tengo, por cualquier cosa que pueda hacer ni por cualquier cosa que hiciera. No dependes de mí. Eres tú a quien no le falta nada bueno. No tienes necesidades. Tú me das vida y aliento (Hechos 17:24-25). A veces lo olvido y es posible que tengas que recordármelo, pero solo tú eres Dios. ¡No necesitas mi ayuda! Te alabo, Dios, por tu autosuficiencia.

DIOS ES INFINITO

Dios no tiene límites. Ni el cielo ni la tierra pueden contenerlo (1 Reyes 8:27).

Te alabo, Señor, porque eres infinito. No hay límites para tu grandeza ni tu fuerza. No hay límites para tu presencia ni tu plenitud. Ves más allá de todo lo que puede ver mi yo finito. Nada en el cielo ni en la tierra puede contenerte. Señor, tú no estás limitado por ninguna circunstancia ni por mis limitaciones personales para comprenderte. Grande eres, Señor, y abundante es tu fuerza. Tu entendimiento es infinito (Salmo 147:5).

DIOS ES TRASCENDENTE

Dios está por encima de la creación y existe aparte de ella. Sus caminos y pensamientos son más altos que los nuestros (Isaías 55:8).

Tú existes muy por encima e independiente de la creación, fuera del espacio y del tiempo. Tus caminos son diferentes a los míos. Tus pensamientos son más altos que los míos. No puedo comprenderte por completo, pero siento tu trascendencia cuando estoy _____. Toda la creación apunta a tu trascendencia, pero existes aparte de ella.

DIOS ES SOBERANO

Dios tiene el control y es supremo. Él hace todo lo que quiere (Salmo 135:6).

> Te alabaré, oh Señor, porque eres Rey de reyes y Señor de señores. Todo el poder te pertenece. Dios, tú eres supremo y haces todo lo que quieres (Salmo 135:6). En los momentos de dificultad, cuando no entiendo, encuentro descanso al saber que tú tienes el control. Dios, te alabo, porque tienes el control de _____. Has permitido estas cosas para tu gloria y mi bien (Romanos 8:28). Tus planes para todas las cosas en el cielo y en la tierra prevalecerán (Job 42:2).

DIOS ES SANTO

Dios es moralmente excelente y perfecto. Él es el estándar con el que medimos nuestros pensamientos, acciones y corazón (Éxodo 15:11).

> En un mundo donde el estándar de lo que es moralmente apropiado e inapropiado se mueve sin cesar, Señor, te alabo por tu perfecta santidad. Eres la definición de moralidad, bondad, justicia, perfección. Tu santidad es la medida con la que debo comparar mis pensamientos, acciones y corazón. No hay gloria mayor que la

tuya, oh Dios. Eres perfecto en todos tus caminos y te alabo por eso.

DIOS ES JUSTO

Dios siempre hace lo que es justo. Ya está todo dicho (Deuteronomio 32:4).

¡Justos y verdaderos son tus caminos, oh Dios! En un mundo repleto de injusticia e inequidad, puedo contar con tu justicia como mi estándar de vida. ¡Siempre haces lo que es justo para mí y yo te doy la gloria! Gracias por llamarme a tener una relación justa contigo, a fin de que tu justicia se reproduzca en mí. «La justicia y el derecho son el fundamento de tu trono; la misericordia y la verdad van delante de ti» (Salmo 89:14, LBLA).

LIBROS SOBRE LA ORACIÓN

Arthur, Kay. *Lord, Teach Me to Pray in Twenty-Eight Days*.

Batterson, Mark. *El hacedor de círculos: Cómo rodear de oración nuestros principales anhelos y desafíos*.

Bennett, Arthur. *El valle de la visión: Antología de oraciones y devociones puritanas*.

Briscoe, Jill. *El poder de la oración*.

Chambers, Oswald. *En pos de lo supremo*.

Cymbala, Jim. *Oración poderosa: El secreto de recibir lo que usted necesita de Dios*.

Evans, Tony. *Oración del reino: Toquemos el cielo para cambiar la tierra*.

Evans, Tony, y Priscilla Shirer. *Oraciones para la victoria en la guerra espiritual*.

Keller, Timothy. *La Oración: Experimentando asombro e intimidad con Dios*.

Lewis, C. S. *Cómo orar*.

McRoberts, Justin, y Scott Erickson. *Prayer: Forty Days of Practice*.

Moore, Beth. *Orando la Palabra de Dios: Libérese de las fortalezas espirituales*.

Omartian, Stormie. *El poder de la madre que ora*.

_____. *El poder de la esposa que ora*.

_____. *El poder de la mujer que ora*.

Shirer, Priscilla. *Oración ferviente: Un plan de batalla para la oración seria, específica y estratégica. ¡Para la mujer!*

Sorge, Bob. *Secretos del lugar secreto.*

Yancey, Philip. *La oración: ¿Hace alguna diferencia?*

Young, Sarah. *Jesús te llama: Encuentra paz en su presencia.*

RECONOCIMIENTOS

Este libro comenzó como publicaciones diarias en Instagram. La travesía de estas palabras desde las redes sociales hasta un libro físico ocurrió solo porque numerosas personas me animaron a hacerlo. Gracias, Chanda Stegall y Monique Jennings, por animarme a llevar estas palabras más allá del internet. Sus esfuerzos por descubrir cómo ponerlas en papel son la razón por la que muchas más personas profundizarán su conexión con Dios a través de la oración. También le estoy muy agradecida a Margot Starbuck, una talentosa escritora que no solo es una estrella del *rock* con sus propias palabras, sino que también realizó un trabajo maravilloso al tomar las mías y mejorarlas. Gracias a mi querida amiga Vornadette Simpson y a la pasante Catherine Fitzgerald, quienes leyeron detenidamente este libro varias veces para asegurarse de que el contenido se comunicara con excelencia. Se les agradece cada palabra que sugirieron y editaron. Gracias al resto de mi equipo de pasantes de 2020: Brittanie Joyner, Dana Lapish, Debbie Mason, Deitra Baker, Kayla Thomas, Kristy Floyd y Marissa Moore, quienes prestaron algunas de sus propias oraciones para que las lectoras de este libro pudieran tener un punto de partida para sus propios viajes de oración.

Gracias al equipo de Zondervan, que aceptó de buen grado la idea de este proyecto y se esforzó mucho para llevarlo a la línea de meta, al mismo tiempo que me ofrecía su amabilidad y gracia durante una temporada difícil. Le estoy muy agradecida a Carolyn McCready, Tom Dean, Bridgette Brooks, David Morris, Trinity

McFadden, Brian Phipps y al resto del equipo por darme ánimo y apoyo. Fue un privilegio asociarme con ustedes.

Gracias a mi esposo, Jessie, y a los tres de nuestros hijos que todavía están en casa: Tre', Kanaan y Joel. Me dejaron espacio para llevar a cabo este proyecto en uno de los momentos más difíciles de nuestras vidas, y estoy agradecida por la forma tan amable en que me apoyaron en mi búsqueda por ayudar a los demás. Es un honor para mí ser testigo de sus vidas y tener la oportunidad de hacer de la oración por ustedes una prioridad.